LAS VOCES DEL DRAGÓN

SEIS OBRAS RAPSÓDICAS

PUNTO DE VISTA EDITORES

ROLAND SCHIMMELPFENNIG

LAS VOCES DEL DRAGÓN

SEIS OBRAS RAPSÓDICAS

TRADUCCIÓN DE ALBERT TOLA

ÓMNIBUSTEATRO, 27

PUNTO DE VISTA EDITORES

Colección ÓmnibusTeatro, 27

La traducción de este libro contó con el apoyo financiero del Goethe-Institut

Primera edición: septiembre, 2025

Publicado por Punto de Vista Editores
C/ Mesón de Paredes, 73
28012 (Madrid, España)

info@puntodevistaeditores.com
puntodevistaeditores.com
@puntodevistaed

Director de la colección: Felipe Díez
Coordinación editorial: Miguel S. Salas
Corrección: Luis Porras Vila
Diseño de colección y de cubierta: Joaquín Gallego

ISBN: 979-13-87624-20-0
Thema: DD
Depósito legal: M-15924-2025

Impreso en España – *Printed in Spain*
Artes Gráficas Cofás, Móstoles (Madrid)

Este libro ha sido impreso en papel ecológico, cuya materia prima proviene de una gestión forestal sostenible.

Sumario

Prólogo

De tú a tú: acerca del teatro de Roland Schimmelpfennig

El arte no es más que la organización de las tensiones.
WASSILY KANDINSKY, *Cursos de la Bauhaus*

Cuantos más años pasan, más viajo, más obras de teatro leo y veo, más me doy cuenta de la belleza de las obras de Roland Schimmelpfennig. Sin embargo, ¿en qué consiste su belleza? Si Platón afirmaba que la belleza se daba cuando la ética iba de la mano de la estética, su teatro, que tanto ha girado en torno a los mitos griegos, me parece un paradigma de ello.

En sus obras no solo encuentro la belleza —y la precisión— de la forma, sino la mirada de lo humano. Quizás, si algo caracteriza a los poetas —dramáticos o no— es la renuncia al juicio. Eso es parte de su ética. Y él mira a sus personajes, a las personas, sin juicio, a los ojos: los respeta y nos respeta. También mira a los ojos del público sin juicio. De tú a tú.

De tú a tú, Roland cuenta, relata las historias. Uno no solo queda eclipsado por la belleza, sino también por la cercanía —a veces irónica, tierna, pero cercanía, al fin y al cabo— hacia los peores personajes, como con una fe secreta incluso en que ellos, escondidos en las grandes empresas, pueden ser redimidos por su propia humanidad, si ponemos el foco en ella.

Por los ojos entra también la música de sus obras: los textos, concebidos como partituras de imágenes, como él mismo dice, activan un cine interno en la cabeza del espectador. Aunque estemos en un patio de butacas contemporáneo —radicalmente contemporáneo—, Roland nos coge de la mano y nos devuelve al ágora, a la ladera del Partenón, a la plaza africana, al círculo en torno al fuego de los bosques de Europa, y nos cuenta una historia. Y nos la cuenta porque sabe que solo las narraciones pueden salvarnos de nosotros mismos. Quizás ese sea uno de los motivos por los cuales sea el autor alemán contemporáneo más representado en el mundo.

Una narración solo puede ser sustituida por otra narración. Solo podemos progresar sustituyendo, repitiendo y variando nuestras narraciones, las personales y las culturales, las arquetípicas. Su teatro es también, pues, repetición y variación. Y como buen músico —toca la guitarra magníficamente—, como buen humanista, pone el acento en la esperanza: por encima de la repetición, pone el acento en la variación.

Poco a poco voy entendiendo por qué amo tanto sus obras, por qué me parecen tan bellas, por qué cambiaron para siempre, al pasarlas por el cuerpo a través de su traducción, lo que yo pueda escribir: belleza, precisión, cercanía, repetición y variación, narración, humanismo, cambio.

Cuando lo vi impartir por primera vez un taller al que asistí como su traductor simultáneo, comprendí que ese también puede ser un modo de entrar en contacto con su obra. Si algo le deseo a un estudiante de dramaturgia es que asista a una sesión con él. No es un profesor, es un verdadero artista frente a un grupo. No cree en el análisis, cree en el aprendizaje por ósmosis. Como un director de orquesta, a través de sus ejercicios de escritura, afina a las escritoras y los escritores colectivamente. Poco a poco los va conduciendo hacia el dolor, hacia la precisión del dolor más bien, a veces también hacia el humor como reverso de este, y no permite que se escapen hasta que entren en contacto con sus narraciones esenciales, hasta que se vuelven originales en el sentido etimológico del término, volviendo a su propio origen, como él mismo a su modo particular hace con los mitos fundacionales europeos. Como en sus obras, a veces hay mucho silencio entre las lecturas de los ejercicios. Un ejercicio corrige el siguiente, enseñando cómo mirar teatralmente, templando el oído y la sensibilidad, enseñando a escuchar tanto como a escribir, afinando lo anterior, dando siempre nuevas oportunidades: con él, siempre hay una nueva oportunidad para ir más allá, para escribir mejor, para amar mejor.

Tampoco he sabido dar talleres como antes luego de traducir los suyos. Y, cuando los doy, sus participantes afirman que estoy enamorado de Roland, pues no puedo evitar poner siempre ejemplos de sus obras, cuando se habla de buscar formas alternativas de crear tensión desde el texto, formas nuevas que rehuyan el conflicto situacional clásico, es decir, el motor dramático con su motivación, su objetivo y su estrategia. Es cierto que estoy enamorado, pero no siempre el amor es ciego y tengo mis razones para ello. No conozco a otra autora o autor contemporáneo que, en sus más de sesenta piezas, haya innovado tanto —y de manera natural, orgánica, fiel a sí mismo— en la variación de la investigación formal acerca de cómo organizar las tensiones estéticas... La traducción de estructuras propias de la harmonía musical como el canon o la forma sonata a contextos narrativos y teatrales. La aplicación de la narración al teatro, escondiendo de manera muy propia una primera persona actuable para los intérpretes en una aparente tercera persona. La vuelta a la comunidad y al coro como reflejo formal de la globalización, durante la cual los problemas son cada vez más globales, siendo el teatro, con los recursos para cultura siempre crecientemente limitados, cada vez más local. La arquitectura de las tensiones simbólicas. Las tensiones entre lo poético del lenguaje y lo figurativo de la situación dada o del espacio. La hiperfragmentación. Las tensiones de punto de vista. La eternización dolorosa del instante en que fuimos heridos. Estos son algunos de los embrujos formales que corresponden a lo que autores como Carles Batlle o Quique Bazo —citando a Sarrazac en sus agudas visiones de la obra de Schimmelpfennig, tan importantes para la difusión de su obra tanto en catalán como en castellano— han calificado como *drama rapsódico*. Según comenta Carles Batlle en su gran compendio *El drama intempestivo*[1] —y Quique Bazo aplica al análisis de su maravillosa tesis doctoral sobre Schimmelpfennig, que dejo aquí como referencia para quien quiera profundizar en la comprensión técnica de sus piezas[2]— en el *drama rapsódico* ni la puesta en escena estaría al servicio del texto —como es el caso del así llamado *drama absoluto*— ni el texto estaría al servicio de la puesta en escena —como es el caso del así llamado *teatro posdramático*—; aquí, en el *drama rapsódico*, el texto miraría de tú a tú a la puesta en escena, sería una partitura que debe ser escenificada de manera particular, cuyo tono y modo concreto de ser representado debe

1 Carles Batlle (2021): *El drama intempestivo*, Paso de Gato.

2 Enrique Bazo (2023): *La voz rapsódica de Roland Schimmelpfennig* [Memoria para optar al grado de doctor], Universidad Complutense de Madrid, Instituto del Teatro de Madrid.

ser hallado, pero que ya desde su concepción implica una porosidad que deja un espacio de imaginación a la puesta en escena, retándola o estimulándola a la vez que la respeta. Como el amor en equilibrio. Como las obras de Roland, de nuevo, de tú a tú.

Este volumen visibiliza el esfuerzo de muchas personas por divulgar la obra de Schimmelpfennig: de las coordinadoras de actividades culturales del Goethe-Institut de Madrid, Rosa Fiel, y del de Barcelona, Ursula Wahl; de los editores de Punto de Vista, Felipe Díez y Alberto Vicente —que renuevan la apuesta por una traducción unitaria con este segundo volumen de textos—; de autoras y autores como Jessica Martínez Villalba, Carles Batlle y Quique Bazo; de traductoras y traductores como Anna Soler Horta, Thomas Sauerteig —quien siempre me ayuda cuando le consulto dudas— y Eduard Bartoll; de directoras y directores como Elena Fortuny, Moisès Maicas, Rodrigo García Olza —quien a menudo me lee en voz alta estas versiones—, y de nuevo Thomas Sauerteig; de los directores de salas como Toni Casares y Víctor Muñoz de la Sala Beckett o Javier Yagüe de Cuarta Pared, por destacar las principales personas de las que tengo constancia, pues cada vez somos más quienes estamos implicados en esta campaña tan clave para la renovación de la dramaturgia contemporánea en Cataluña y en España a través de su influencia.

Creo que es importante destacar dos hechos notables de este libro: la selección de las obras ha sido realizada consensuadamente con Roland a partir de la última etapa de sus textos más recientes, y he tenido el honor de que las traducciones fueran revisadas minuciosamente por él, que domina el castellano. Quiero agradecer y realzar además la colaboración de la actriz y directora Elena Fortuny en la revisión de estas traducciones; ella siempre me da un punto de vista importante con el que entrar en diálogo. Asimismo, la valiosa colaboración de la autora Júlia Bel en el caso de *El gran fuego*.

Durante la traducción de estas piezas he sorteado como he podido el mismo reto al que se enfrenta todo traductor teatral: por encima del ya de por sí vasto problema de traducir el lenguaje —y de los malos entendidos en los matices derivados de ello—, nos encontramos con el problema de traducir la teatralidad. Esto se agrava en el caso de un autor que rompe los horizontes formales de su propia tradición. Por consiguiente, ha implicado el estudio de las convenciones teatrales de la tradición de la que parte —Brecht, Heiner Müller, René Pollesch, etc.—para tratar de emular, con más o menos fortuna, dicho rompimiento, intentando traducir y calibrar esa variación a un contexto cuya herencia —si bien haya gozado mucha influencia del teatro alemán—, en cuanto a convenciones teatrales, es otra.

Sin embargo, todo ello no hace sino acrecentar el placer de la aventura del traductor que se adentra en la belleza de estas obras. Traducir las piezas de Roland, vivir dentro de su cabeza en los talleres, asistir al nacimiento de alguno de estos textos y conversar sobre ellos al calor del regalo de su amistad me ha permitido intuir mejor cuándo lo poético se vuelve cómico, cuándo lo cómico, serio, cuándo la palabra se pone literariamente magnífica y cuándo, súbitamente, él mismo rompe la magia que ha instaurado; todo ello constituye uno de los grandes privilegios que me ha regalado el teatro. Gracias por ello.

ALBERT TOLA
Barcelona, 24/10/2024

LAS VOCES DEL DRAGÓN

SEIS OBRAS RAPSÓDICAS

El dragón de oro

Der goldene Drache

El dragón de oro se estrenó en 2009 en el Burgtheater Wien.

PERSONAJES

UN HOMBRE JOVEN
(El abuelo, un asiático, la camarera, la cigarra)

UNA MUJER DE MÁS DE 60 AÑOS
(La nieta, una asiática, la hormiga, el comerciante de comestibles)

UNA MUCHACHA JOVEN
(El hombre de la camisa a rayas, un asiático con dolores de dientes, el follador de la Barbie)

UN HOMBRE DE MÁS DE 60 AÑOS
(Un hombre joven, un asiático, la segunda azafata)

UN HOMBRE
(La mujer en el vestido, un asiático, la primera azafata)

1

El Hombre, la Mujer por encima de los 60 años, el Hombre joven, la Mujer joven, el Hombre por encima de los 60 años.

EL HOMBRE. EL DRAGÓN DE ORO.
A primera hora de la noche.
Una pálida luz veraniega atraviesa los cristales de la ventana y cae sobre las mesas. Cinco asiáticos en la diminuta cocina del restaurante de comida rápida Thai-China-Vietnam.

LA MUJER JOVEN. Un chino joven presa del pánico por el dolor de dientes:

Pánico.

El dolor, el dolor, el dolor —

La Mujer joven grita del dolor.

EL HOMBRE JOVEN. No llores, no llores.

La Mujer joven grita del dolor.

LA MUJER JOVEN. El dolor —

LA MUJER POR ENCIMA DE LOS 60 AÑOS. Le duele.

EL HOMBRE POR ENCIMA DE LOS 60 AÑOS. Al pequeño, le duele.

EL HOMBRE JOVEN. No llores — no llores.

EL HOMBRE. No grites, pero grita; grita y cómo grita —

La Mujer joven grita del dolor.

La Mujer por encima de los 60 años cocina pasta en una cazuela china. Hierve.

La Mujer joven. ¡Cómo duele! — el diente duele tanto —

El Hombre por encima de los 60 años. Todos estamos en la diminuta cocina del restaurante China-Thai-Vietnam, rodeando al pequeño. No grites — ¡y cómo grita!

La Mujer por encima de los 60 años. Número 83: Pat Thai Gai: tallarines de arroz fritos con huevo, vegetales, carne de pollo y salsa de cacahuete picante, medio picante.

El Hombre. Dolor de dientes.

El Hombre por encima de los 60 años. El pequeño tiene dolor de dientes.

La Mujer joven gime de dolor.

El Hombre joven. Revolver, remover.

La Mujer por encima de los 60 años revuelve en la cazuela china.

El Hombre por encima de los 60 años. El pequeño.

El Hombre joven. Delante se sentaron dos azafatas a la mesa junto a la ventana, mesa número 11. Buenos días.

La Mujer joven gime del dolor.

El Hombre por encima de los 60 años. No grites —

El Hombre. La primera azafata dice:
buenos días.

El Hombre por encima de los 60 años. La segunda azafata dice:
buenos días.

El Hombre joven. Buenos días.

La Mujer por encima de los 60 años. Hay que sacar el diente.

El Hombre joven. ¿Le puedo traer ya algo para beber?

La Mujer joven. Ay, Dios mío. El diente, ay, Dios. Ay, Dios.

2

El Hombre joven y la Mujer por encima de los 60 años.

El Hombre joven. Una templada noche a finales de verano.

Un hombre viejo, cabello cano, muy delgado, demacrado, quizás enfermo, se encuentra en el balcón de su apartamento. Su nieta lo ha estado visitando, abuelo, abuelo. Ella vive con su novio en el mismo edificio, en el piso de arriba, en el pequeño apartamento bajo techo, y ahora en realidad quería decirle algo especial al abuelo, algo muy especial, pero no se lo dice porque el abuelo parece ausente, parece envuelto en ideas o en preocupaciones.

Debajo de ellos: los rojos farolillos chinos del restaurante China-Thai-Vietnam EL DRAGÓN DE ORO. En la cocina supuestamente solo trabajan vietnamitas. Pero quién sabe si es verdad —

El viejo dice:
Si pudiera pedir un deseo.

Pausa.

Si pudiera pedir un deseo.

La Mujer por encima de los 60 años. Junto al viejo en el balcón, una muchacha joven como una rosa, ni siquiera tiene diecinueve años.
Es deslumbrantemente joven, y es deslumbrantemente bella.
Dice:
¿Qué, abuelo, qué deseo pedirías?

El Hombre joven. El viejo mira fijamente a la muchacha joven.
Mi nieta. Estoy mirando a mi nieta:
Tú —

Pausa breve.

Tú, cosita joven.

Pausa breve.

Estás magnífica.

La Mujer por encima de los 60 años. ¿Te parece? ¿De verdad te lo parece, abuelo?

Pausa.

Cuando yo tenga tu edad — qué aspecto crees que tendré —

El Hombre joven. Eso yo nunca lo veré.
Eso ya nunca lo veré.
Me río.

Ríe o sonríe.

La Mujer por encima de los 60 años. Te estás riendo.

El Hombre joven. Hace mucho que habré muerto.

Ríe con desesperación.

Hace mucho que yaceré bajo tierra.

La Mujer por encima de los 60 años. Pero qué era, qué era lo que me querías decir hace un momento —

El Hombre joven. ¿Qué?

La Mujer por encima de los 60 años. Lo que me querías decir hace un momento — hace un momento dijiste: si pudiera pedir un deseo —

El Hombre joven. Sí. Eso dije: si pudiera pedir un deseo.

La Mujer por encima de los 60 años. Él hace una larga pausa. Está ahí parado, con el vaso de vino vacío en la mano. En la mesa, los platos vacíos, número 101, su ki ya ki, carne de res asada con colmenillas y bambú y fideos chinos, y el número B6, el curri de zanahorias, una especialidad vietnamita. Yo lo había pedido abajo, para llevar, en EL DRAGÓN DE ORO. El hombre mira en dirección al crepúsculo.
¿Uhm?
No dice nada. Entonces:

El Hombre joven. Sí, qué — todavía no has dicho qué deseo pedirías.

La Mujer por encima de los 60 años. Sí, mira — todavía no has llegado a decir cuál sería tu deseo.

El Hombre joven. Pausa.

3

El Hombre, la Mujer por encima de los 60 años, el Hombre joven, la Mujer joven, el Hombre por encima de los 60 años.

El Hombre. La cocina del restaurante Thai-China-Vietnam EL DRAGÓN DE ORO: es estrecha, muy estrecha, no hay espacio y, sin embargo, aquí trabajan cinco cocineros asiáticos simultáneamente. Uno tiene dolor de dientes: el pequeño, el que está buscando a su hermana. El nuevo.

La Mujer joven grita de dolor.

El Hombre por encima de los 60 años. Le llamamos el pequeño.

La Mujer joven. El dolor —

La Mujer por encima de los 60 años. Dolor de dientes.

La Mujer joven. Ay, cómo duele, ay, cómo duele.

El Hombre por encima de los 60 años. No grites, no grites —

El Hombre. Gritar roba fuerzas.

El Hombre joven. Lo llamamos el pequeño porque es nuevo.

La Mujer por encima de los 60 años. Porque no hace mucho que está aquí. Todavía es nuevo. Y no tiene dinero. Y no tiene papeles. O sea, ni hablar de dentistas.
No grites, no grites tan alto.

El Hombre. Un zumo de manzana. Y una copa de vino blanco.
La bebida de las azafatas.

El Hombre por encima de los 60 años. Hay que sacar el diente.

La Mujer joven. ¿Cómo — cómo?

El hombre. Hay que sacarlo —

La Mujer por encima de los 60 años. Fuera con él —

El hombre joven. No hay otra manera.

La Mujer por encima de los 60 años. Fuera, fuera —

4

La Mujer joven.

La Mujer joven. El hombre de la camisa a rayas:
Quizás, a finales de los cuarenta, ha bebido algo más de la cuenta. Está solo en su casa sentado a la mesa de la cocina. La mirada hacia la mesa, hacia el refrigerador. Su novia lo ha abandonado o está pensando en hacerlo, y ahora él espera a que ella regrese.
Dice: Si ella nunca hubiera conocido a ese hombre —
Si no lo hubiera conocido —

Un poco tosco. Algo desesperado.

Si no lo hubiera conocido —
Un gesto repentino. Al hacerlo, me vierto algo de cerveza en el pantalón.

Ella vierte algo de cerveza.

5

El Hombre por encima de los 60 años y la Mujer por encima de los 60 años.

El Hombre por encima de los 60 años. Dos jóvenes en su apartamento en común, en el ático, una pareja de enamorados. Solo hará un par de meses que viven juntos. Un tiempo maravilloso que no olvidarán jamás. Debajo en la casa: EL DRAGÓN DE ORO. La mujer joven acaba de regresar de donde el abuelo, que habita en el mismo edificio. Su novio, el hombre joven, dice:
Cómo pudo pasar algo así —

La Mujer por encima de los 60 años. Ella: No sé.

El Hombre por encima de los 60 años. Cómo pudo pasar —

La Mujer por encima de los 60 años. No sé cómo, no sé cómo pudo pasar —

El Hombre por encima de los 60 años. No puede ser — es que no puede ser —

La Mujer por encima de los 60 años. No tengo ni la menor idea —

El Hombre por encima de los 60 años. Tú dijiste —

La Mujer por encima de los 60 años. ¿Yo?

El Hombre por encima de los 60 años. Tú dijiste que no podía pasar nada —

La Mujer por encima de los 60 años. Sí, y así era, no me explico cómo pudo haber pasado —

El Hombre por encima de los 60 años. Esto es una catástrofe absoluta, una catástrofe total —

La Mujer por encima de los 60 años llora.

El Hombre por encima de los 60 años. Hasta hace un momento todo estaba bien — todo bien, hasta este mismo instante — y ahora — cómo vamos a —
Tú estás muy —

Pausa breve.

Y el dinero — de dónde vamos a —

Pausa breve.

La casa es pequeña para tres — y tú en otoño querías — tenías pensado —

Pausa breve.

Una catástrofe total.

6

El Hombre, la Mujer por encima de los 60 años, el Hombre joven, la Mujer joven, el Hombre por encima de los 60 años.

El Hombre joven. En la cocina del restaurante de comida rápida Thai-China-Vietnam EL DRAGÓN DE ORO: los woks calientes, los mecheros de gas, la freidora, el reloj, el calendario vietnamita. Las preferencias erróneas, la preferencia errónea por los bombones — siempre la tuvo. En casa ya la tenía.

El Hombre por encima de los 60 años. Enseña, enseña el diente — ¡oh, Dios mío! ¡Negro absoluto!

El Hombre. Las azafatas están pidiendo: el 25 —

El Hombre por encima de los 60 años. — y el 6.

El Hombre joven. El 25 y el 6. Pasta china en cazuela y sopa — Thai —

El Hombre por encima de los 60 años. ¡Negro absoluto!

La Mujer joven. Duele tanto —

El Hombre joven. Tienes que ir al dentista.

El Hombre por encima de los 60 años. A qué dentista, cómo va a ir al dentista —

El Hombre. Un 31, dos 17, para la mesa de la esquina y el 25 y el 6 para las mujeres junto a la ventana, mesa número 11.

El Hombre joven. Número 31: Gai Grob Prio Wan, pechuga de pollo bien asada con colmenillas, piña, melocotón y salsa agridulce.

El Hombre por encima de los 60 años. Número 17: Bao-Zi (3 porciones), bolsas de harina al vapor rellenas de carne de cerdo y verduras, ¡todo casero!

La Mujer por encima de los 60 años. Número 25: Bami Pat, pasta de huevos frita con filete de pechuga de pollo y verduras frescas.

La Mujer joven. Número 6: Sopa Thai con carne de pollo, leche de coco, jengibre thai, tomates, champiñones, caña de limón y hojas de limón, (picante).

7

La Mujer por encima de los 60 años. El Hombre joven.

La Mujer por encima de los 60 años. La hormiga recolectaba durante todo el verano reservas con esmero, mientras su vecina, la cigarra, se pasaba día y noche haciendo música.
Ella chillaba todo el día, y la hormiga trabajaba y trabajaba, cargaba las pesadas reservas hacia su madriguera mientras la canción de la cigarra se mecía sobre el campo.
Pero entonces llegó el invierno. Y el invierno era frío. Vino la helada y llegó la nieve. Y la cigarra no encontró nada más para comer.

Empezó a padecer hambre. De música, nada de nada. Finalmente, la cigarra fue a ver a la hormiga, a dónde iba a ir si no, y le pidió algo para comer.
Podrías darme algo para comer, por favor, hace días que no como nada.
Respuesta: nada de nada.
Por favor, tengo tanta hambre...
Respuesta: nada de nada, y la hormiga evita la mirada de la cigarra.
La cigarra tiene muy mal aspecto.
Por favor. Por favor, necesito comer algo.

El Hombre joven. Por favor. Por favor, necesito comer algo.

La Mujer por encima de los 60 años. Ahora, la hormiga levanta la mirada.
No te voy a dar nada.
Durante todo el verano no trabajaste ni un solo día. Ni un solo día.
No te voy a dar nada.
Por mí te puedes morir de hambre.
No vas a recibir nada de mí.
De mí no vas a recibir nada.

8

La Mujer joven y el Hombre.

La Mujer joven. En la cocina de una vivienda de cuatro habitaciones, algunos pisos por encima del restaurante EL DRAGÓN DE ORO. El hombre de la camisa a rayas, que había derramado la cerveza sobre su pantalón, y una mujer vestida de rojo. En la esquina, la nevera plateada que habían comprado juntos. La mayoría de las cosas aquí son cosas que han comprado juntos, adquisiciones para un futuro en común. Las excursiones de fin de semana a las secciones de muebles y de ferretería de los grandes almacenes, en los primeros tiempos, no tenían muchas cosas, faltaba de todo, necesitamos un abridor, necesitamos un molinillo de pimienta, necesitamos una sartén nueva, y eso por qué, qué pasa con la sartén vieja, la sartén vieja está rota, necesitamos un par de vasos, qué te parece esa lámpara de pie, necesitamos una ensaladera. Ella volvió a la carga: ¡Ahora vienes tú!,

dice el hombre de la camisa a rayas.
¡Ahora! ¡Ahora estás aquí! ¡Pero ahora es demasiado tarde, demasiado tarde! Ahora ya no quiero. Tampoco puedo ya. ¡Ya no puedo! He estado esperando y esperando y con esperanzas, sí, seguro, no, no, no, ahora es demasiado tarde —

Él bebe.

Ella bebe.

¡Si jamás lo hubieras conocido!

Pausa breve.

Mira cómo me veo, me he derramado la cerveza sobre el pantalón, y esta camisa, esta camisa, las rayas de mierda, vengo directamente del trabajo, vine enseguida hacia aquí, yo, por supuesto que yo tenía la esperanza de verte aquí, tenemos que usar esto, todos llevan traje y corbata, sí — así es — es así — esta es mi vida —

El Hombre. Dime si te gusta mi vestido, el vestido que tú me —

Pausa breve.

Pensé, me lo vuelvo a poner, quería — por qué no podemos — quizás podemos ir abajo a comer algo, así, sin más, hacemos como si no hubiera pasado nada, sin más.

Pausa breve.

Cómo vamos a —

Pausa breve.

¿Quieres que te devuelva todo?, los pendientes, las joyas —

Pausa breve.

¿El anillo? ¿Quieres el anillo de vuelta?

La Mujer joven. Estás tan guapa con ese, con ese vestido, ese vestido quita el aliento — sencillamente quita el aliento —

9

El Hombre joven.

EL HOMBRE JOVEN. El cabello, que desaparece.
Los dientes, que se caen.
En la vejez: desdentado, quién lo habría pensado, que los dientes se caen de verdad.
Me gustaría tanto volver a ser aquel que fui. Joven.
Me gustaría volver a ser joven.

Pausa.

Me gustaría tanto volver a ser como era.

10

El Hombre, la Mujer por encima de los 60 años, el Hombre joven, la Mujer joven, el Hombre por encima de los 60 años.

EL HOMBRE. Debajo del edificio, en EL DRAGÓN DE ORO:

EL HOMBRE JOVEN. Número 103: carne de res horneada dos veces, con bambú, cebollas, pimientos, verduras y ajo, picante.

La Mujer joven grita.

EL HOMBRE. Plato 103 extra picante para el hombre de la tienda de comestibles de al lado de EL DRAGÓN DE ORO, como siempre, él lo recoge.

11

La Mujer por encima de los 60 años y el Hombre por encima de los 60 años. Ella ha comprado cosas de niño.

EL HOMBRE POR ENCIMA DE LOS 60 AÑOS. ¿Y esto qué es?

LA MUJER POR ENCIMA DE LOS 60 AÑOS. Esto — esto es una matraca.

El Hombre por encima de los 60 años. Una matraca —

Pausa breve.

La Mujer por encima de los 60 años. Y esto, un reloj de juguete.

Pausa breve.

El Hombre por encima de los 60 años. Arriba, en el pequeño apartamento del ático. La pareja joven que hasta ahora había vivido una época divina, en su primera casa juntos.

Pausa breve.

¿Por qué compraste todo eso?

La Mujer por encima de los 60 años. Para que —

El Hombre por encima de los 60 años. ¿Por qué?

La Mujer por encima de los 60 años. Para que te vayas acostumbrando.

Pausa breve.

Para que estés contento.

El Hombre por encima de los 60 años. Pero no estoy contento.

Pausa breve.

No estoy contento.

La Mujer por encima de los 60 años. Compré las cosas para que te resulte más fácil empezar a ponerte contento.

El Hombre por encima de los 60 años. Cómo voy a empezar si no estoy contento.

12

La Mujer por encima de los 60 años.

La Mujer por encima de los 60 años. La hormiga le dice a la cigarra: no vas a recibir nada.

De mí no vas a recibir nada.
Si quieres tener algo tienes que trabajar para alcanzarlo.

Pausa breve.

Pero no sabes hacer nada.
No has aprendido a hacer nada de nada.

13

El Hombre, la Mujer por encima de los 60 años, el Hombre joven, la Mujer joven, el Hombre por encima de los 60 años.

El Hombre. Detrás, en la cocina del restaurante de comida rápida thai-chino-vietnam EL DRAGÓN DE ORO:
Bebe algo, bebe algo, bebe aguardiente.

El Hombre joven. El pequeño tiene lágrimas en los ojos.

La Mujer joven. 30. 30 años, nacido y criado en Qingdao, a orillas del río Amarillo, muy lejos, muy lejos de aquí.

El Hombre. Bebe algo, bebe algo, bebe aguardiente.

El Hombre por encima de los 60 años. El flaco le echa aguardiente al pequeño en la boca abierta.

La Mujer por encima de los 60 años. Número 74: tipo Bangkok: carne de pato con champiñones frescos, pimientos, bambú, cebolla, caña de limón y salsa curri roja de coco (picante).
El pequeño chino grita y grita, no está acostumbrado al aguardiente.

La Mujer joven. Los dolores de diente son insoportables.

El Hombre joven. Número 51: Phad Med Mamoang Nuah: carne de res frita con pimientos, cebollas, zanahorias y anacardos en salsa de leche de coco y cacahuete.

El Hombre. Hasta es capaz de tumbarnos.

El Hombre joven. Nos va a tumbar.

La Mujer por encima de los 60 años. Hay que sacarle el diente.

El Hombre por encima de los 60 años. Hay que sacarle el diente. ¡Saquémoslo!

La Mujer joven. El dolor, el dolor —

El Hombre por encima de los 60 años. Bajo el pequeño fregadero, todo pequeño, todo estrecho, todo caliente, somos cinco cocinando.

El Hombre. Todo estrecho, algunos metros cuadrados de azulejos, quizás cuatro o cinco, los mecheros de gas y la freidora, las superficies de trabajo, las neveras, al lado un pequeño espacio para las provisiones, un reloj en la pared, y un calendario con imágenes de Vietnam, del comerciante al por mayor vietnamita, me gustaría estar alguna vez en Vietnam, dicen que las costas son maravillosas.

La Mujer por encima de los 60 años. *(Se quema.)* Número 13: brochetas Sate: carne de pollo en salsa de cacahuete.

La Mujer joven gime del dolor.

El Hombre por encima de los 60 años. Bajo el fregadero:

El Hombre. Bajo el fregadero, la caja de las herramientas:

El Hombre joven. La caja de herramientas, el alicate rojo para tuberías, siempre útil para los mecheros de gas.

La Mujer joven. La pinza no, por favor, la pinza no —

El Hombre por encima de los 60 años. No tengas miedo, amigo, no tengas miedo —

El Hombre. El gordo vierte aguardiente sobre la pinza.

El Hombre por encima de los 60 años. Boca abierta. Boca abierta —

La Mujer joven. ¡No!

El Hombre. Voy a echarle un poco de aguardiente en la boca, eso ayudará, eso ayudará. Traga, anda, traga —

El Hombre por encima de los 60 años. Cuál es el que, ahí —

El Hombre. El gordo golpea con la pinza en el diente.

El Hombre por encima de los 60 años. Este o este — el incisivo derecho — no lo veo muy bien o el izquierdo, ¡ese tampoco se ve bien!

El Hombre. El gordo golpea con la pinza en el diente.

La Mujer joven da saltos hasta el techo de tanto dolor.

El Hombre por encima de los 60 años. Los dos tienen una mala pinta —

14

El Hombre, eventualmente también la Mujer por encima de los 60 años.

EL HOMBRE. Junto a EL DRAGÓN DE ORO, una pequeña tienda de comestibles que abre hasta tarde en la noche, aquí hay de todo, comestibles, alcohol, tabaco. Todo lo necesario. Pastas, aceite, conservas, Coca-Cola, condimentos, arroz, queso, embutidos, comida precocinada, leche. Helados. Verduras. Frutas. Yogurt. Hay revistas, periódicos, revistas semanales, billetes de lotería. Hay incluso jabón, pasta de dientes. Detergentes. Pañales. Todo el mundo encuentra aquí lo que necesita, aquí hay de todo. La tienda es tan estrecha que uno apenas puede moverse.
El dueño del kiosco, el comerciante Hans, ha ido a recoger algo de comer a EL DRAGÓN DE ORO:
El número 103, como siempre, o como casi siempre: carne de res horneada dos veces, con bambú, cebollas, pimientos, verduras y ajo, picante.
Extra picante.

15

La Mujer por encima de los 60 años y el hombre joven.

LA MUJER POR ENCIMA DE LOS 60 AÑOS. La hormiga le pregunta a la cigarra qué sabe hacer. Si sabe hacer algo especial. ¿Qué sabes hacer? Bailar, ya. Muestra. Venga, vamos. Venga, hazlo. Venga, vamos. Enséñame, enséñame, entonces quizás te dé algo. Baila algo para mí.

La cigarra baila algo para ella.

Sí, muy bonito, pero ¿de qué me sirve?
De qué me sirve eso. Sabes bailar muy bien.
Pero, en realidad, no me interesa.
No me interesa para nada.

16

El Hombre, la Mujer por encima de los 60 años, el Hombre joven, la Mujer joven, el Hombre por encima de los 60 años.

El Hombre joven. En el puesto China-Thai-Vietnam EL DRAGÓN DE ORO. El viejo toma un pequeño asador de madera y taladra en el hueco del diente.

El Hombre. El asador, un asador así, de madera, como el que usualmente empleamos para el número 13, brochetas Saté con salsa de cacahuetes, en el hueco del diente.

La Mujer joven grita o gime.

El Hombre por encima de los 60 años. Totalmente hueco — está —

La Mujer por encima de los 60 años. ¿Es ese?

El Hombre por encima de los 60 años. Este es —

La Mujer por encima de los 60 años. ¿Este?

El Hombre por encima de los 60 años. Este.

El Hombre por encima de los 60 años agarra el alicate y empieza.

El Hombre. Número 76: Gaeng Kiau Wan Pag: curri verde con distintas verduras y leche de coco con albahaca thai.

La Mujer joven grita.

El Hombre joven. Psst, psst, no grites, no grites, más bajo, ahora acabamos —

17

La Mujer por encima de los 60 años y el Hombre joven.

La Mujer por encima de los 60 años. La hormiga le hace algunas propuestas a la hambrienta cigarra.

Limpiar. Pero solo si puedes limpiar. Si quieres tener algo, te lo tienes que ganar.
Qué tal si te vas a limpiar.
Vete a limpiar.
O bien — se me ocurre una cosa —

18

El Hombre, la Mujer por encima de los 60 años, el Hombre joven, la Mujer joven, el Hombre por encima de los 60 años.

El Hombre por encima de los 60 años. En el restaurante Thai-China-Vietnam EL DRAGÓN DE ORO.

El Hombre. El viejo coloca la pinza.

El Hombre por encima de los 60 años. Coloco la pinza, pero eso de fácil no tiene nada, porque el pequeño mueve la cabeza de un lado a otro, de aquí para allá, de allá para acá —

19

La Mujer por encima de los 60 años.

La Mujer por encima de los 60 años. La hormiga alquila a la cigarra a las otras hormigas.
Las hormigas se ponen cachondas con la cigarra. Les parece ordinaria, les parece molona, les gusta su acento, hasta donde la cigarra es capaz de reproducir el lenguaje de las hormigas. Las palabras más importantes para la hormiga ya se las ha enseñado a la cigarra. Para las hormigas, la cigarra es una buena puta. Hacen con ella lo que quieren. Se abalanzan sobre ella. Se la follan todo el tiempo, a menudo una tras otra. A cambio de ello, la cigarra recibe después algo de comer. Pedazos de moscas muertas. Pero a veces no recibe nada. Entonces las hormigas dicen que debería estar contenta de tener un techo. Dicen que la cigarra debería estar contenta de que las hormigas no la echen. De vuelta. De vuelta a la nieve.

20

El Hombre, la Mujer por encima de los 60 años, el Hombre joven, la Mujer joven, el Hombre por encima de los 60 años.

El Hombre por encima de los 60 años. En el restaurante Thai-China-Vietnam EL DRAGÓN DE ORO:

El Hombre. El viejo coloca la pinza.

El Hombre por encima de los 60 años. Coloco la pinza, pero eso de fácil no tiene nada, porque el pequeño mueve la cabeza de un lado a otro, de aquí para allá, ten cuidado porque me puedo equivocar y sacarte un diente sano, pero el flaco aguanta al pequeño, lo aguanta con firmeza, venga, un poco más de aguardiente —

El Hombre vierte aguardiente en la boca del chino.

La Mujer por encima de los 60 años. Número B2, Bun Cha Gio Chay, fideos de arroz, brochetas crujientes, lechuga, brotes de soja, pepino, cebollas tostadas, cacahuetes, albahaca vietnamita y cilantro.

El Hombre. Calma, pequeño, calma —

La Mujer joven. No, no —

El Hombre joven. Coloco la pinza —

La Mujer por encima de los 60 años. Número 82: Pat Thai Gai, tallarines de arroz fritos.

El Hombre por encima de los 60 años. Coloco la pinza —

El Hombre. El pequeño grita. Ve la pinza —

La Mujer por encima de los 60 años. Lo llamamos el pequeño.

La Mujer joven. Me arranca el diente de la boca —

Larga pausa.

Me lo saca —

Pausa breve.

Me lo saca —

El Hombre joven. Y el diente sale volando por los aires.

Pausa.

El Hombre por encima de los 60 años. Le arranco un diente de la boca, el incisivo derecho, y el diente —sanguinolento y medio podrido — sale volando por los aires.

La Mujer por encima de los 60 años. Bien alto por los aires —

La Mujer joven. El diente
vuela y vuela y vuela.

21

El Hombre. La Mujer joven.

El Hombre. La mujer del vestido rojo ha empaquetado algunas cosas. Solo lo imprescindible para vestirse, todo lo demás, aquí se queda, las compras conjuntas, las adquisiciones para un futuro en común. Abridores, molinillo de pimienta, la sartén, las copas, la lámpara de pie, la ensaladera. Su marido, o su antiguo marido, al final de la conversación estaba bastante borracho, y finalmente salió corriendo para ir a comprar algo de beber en la pequeña tienda de comestibles de abajo, cerveza o vino o aguardiente.
La mujer está en la cocina.
Él no volvió. Ella no esperará mucho tiempo más.
Pero no puede ser —

Pausa breve.

Pero no puede ser que haya elegido al hombre equivocado.

Pausa breve.

No puede ser que ahora todo termine.

Pausa breve.

Y que yo tenga la culpa.

Pausa breve. Antes:

He conocido a otro hombre.

La Mujer joven. ¿Qué has hecho qué?

El Hombre. He conocido a otro hombre.

La Mujer joven. Eso no puede ser —

El Hombre. Sí. Pasó.

Pausa breve.

Simplemente me lo encontré.
Por casualidad.

La Mujer joven. Dónde — Quién — Quién —

El Hombre. En un ensayo del coro. Llegó nuevo —
Buen aspecto, divertido.
Al final, después del ensayo, pagó las copas, más tarde. Bailaba bien. Sabía bailar muy bien.

La Mujer joven. ¿Bailaste con él?

Pausa.

El Hombre. Sí.

Pausa breve.

Sí, lo hice.

Pausa breve.

Me enamoré.

La Mujer joven. Y — y ahora — yo —

El Hombre. Nunca pensé en abandonar a mi marido por ello, nunca. Solo que las cosas se fueron haciendo cada vez más grandes. Demasiado. De repente todo con el otro me pareció mucho más grande que todo lo que mi marido y yo habíamos vivido juntos hasta entonces. Todo palideció.

La Mujer joven. Me mentiste.

El Hombre. Y finalmente: un fin de semana secreto en Venecia, te mentí, dije que andaba de viaje con mi mejor amiga, con Eva, a quien conozco desde primaria, cuando íbamos de aquí para allá con nuestras trenzas. Eva siempre anda fuera, e incluso vive aquí en este mismo edificio, ella me cubrió la espalda. Mintió por mí. Dijo que Venecia había sido una maravilla.

Pausa breve.

Fue hermoso. Hermoso de verdad.

22

El Hombre, la Mujer por encima de los 60 años, el Hombre joven, la Mujer joven, el Hombre por encima de los 60 años.

La Mujer joven. El diente vuela y vuela —

El Hombre joven. Vuela y vuela…

El Hombre. Y vuela y vuela por la diminuta cocina de EL DRAGÓN DE ORO —

El Hombre joven. El diente arrancado vuela y vuela —

La Mujer por encima de los 60 años. Vuela y vuela y aterriza en el wok. Número 82: Pat Thai Gai, tallarines fritos,
y esto qué es, pero esto qué es — Estáis todos locos, lo sabéis, todos locos.

El Hombre. Ella tiene 69 años, pronto tendrá setenta, nació en la frontera norte del altiplano chino, muy lejos, muy lejos de aquí, ahora trata de sacar el diente del wok con el cucharón.

El Hombre joven. Falta todavía la sopa, número 6.

La Mujer por encima de los 60 años. Fuera el diente del wok con tallarines de arroz fritos número 82, y yo quiero sacar el diente de la sartén con el cucharón —

El Hombre joven. Número 6, la sopa thai con carne de pollo —

La Mujer por encima de los 60 años. Y al hacerlo, el diente sale disparado del wok, vuela, vuela y aterriza en la sopera, número 6, sopa thai con pollo, leche de coco, jengibre thai, tomate, champiñones, hierba de limón y hojas de limón (picante), la número 6 está saliendo en este instante con la esbelta, la bella, 26 años, no pesa ni 50 kilos, del golfo de Tonkín, la sopa número 6 está saliendo en este instante, la están sacando.

El Hombre joven. Mesa número 11, dos mujeres junto a la ventana, veintiocho y treinta y uno respectivamente, las dos en los típicos uniformes azul oscuro que llevan las azafatas, una tiene cabello castaño oscuro, la otra es rubia, ambas vienen aquí a menudo, viven juntas en el mismo edificio, comparten piso, pero la castaño oscuro tiene novio, con el que también viene a veces, la castaño oscuro había pedido el número 25: Bami Pat, pasta de huevos frita con filete de pechuga de pollo y verdura fresca, y la otra, número 6, sopa thai con pollo, leche de coco, jengibre thai, tomate, champiñones, hierba de limón y hojas de limón (picante), ambas parecen cansadas, ambas con un largo vuelo tras de sí, vienen de Santiago de Chile, eso es casi el borde sur del mundo, volaron por encima de los Andes, después tuvieron una escala en Buenos Aires —

La Mujer joven. Buenos Aires por lo visto es una maravilla —

El Hombre joven. Pero no tuvieron la oportunidad de conocer la ciudad.

La Mujer joven. Y entonces hablan de cosas como maletas y uniformes y cortes de pelo y colegas, las dos comparten una vivienda, aquí mismo, en este edificio, y las dos están realmente cansadas.

El Hombre joven. Y la hermosa camarera les trae la comida, un número 25. Número 25: Bami Pat, pasta de huevos frita con filete de pechuga de pollo y verduras frescas. Y un número 6, sopa thai con pollo.

Larga pausa.

La Mujer joven. Y entonces comen en silencio.

23

La Mujer por encima de los 60 años.

La Mujer por encima de los 60 años. No es mala, el pequeño, lo has, tienes que probarlo. Hace de todo. Por comer, hace de todo.

Pausa breve.

De todo.

Pausa breve.

De verdad, de todo.

Pausa breve.

Todo.

Pausa breve.

Todo lo que quieras.

24

El Hombre, la Mujer por encima de los 60 años, el Hombre joven, la Mujer joven, el Hombre por encima de los 60 años.

EL HOMBRE JOVEN. No fue una idea muy buena eso de ir a comer juntas después de un vuelo tan largo, qué nos podemos decir a estas alturas, mejor habría sido que cada una se fuera a casa, pero eso es lo que habían acordado y de alguna manera así se quedaron las cosas —

LA MUJER JOVEN. Pero después de dieciocho horas de vuelo no tienen mucho que decirse.

EL HOMBRE POR ENCIMA DE LOS 60 AÑOS. Nada nuevo, en cualquier caso.

EL HOMBRE. Y el aire en el avión —
El largo vuelo —

LA MUJER POR ENCIMA DE LOS 60 AÑOS. El largo vuelo sobre el agua, en las pantallas puede verse cómo el avión a 900 kilómetros por hora se arrastra por encima de la costa africana occidental.

EL HOMBRE. Y el aire en el avión es terrible.
Cuando vuelo sobre el Atlántico siempre pienso en tiburones.

EL HOMBRE POR ENCIMA DE LOS 60 AÑOS. Pero cuando uno mira hacia abajo no se ve mucha cosa.

LA MUJER JOVEN. El avión repleto hasta el último asiento. Chilenos, argentinos, bolivianos, con rostros de indios —

EL HOMBRE JOVEN. Se sirve la comida, hay para elegir entre fricasé de pollo o pasta.

El Hombre. Y cuando pasan a lo largo de Angola, Gabón, Liberia y Sierra Leona, y ahora a la altura de Gambia y Senegal y Mauritania, Inga, una de las dos azafatas, le dice a Eva, la otra azafata, mira para allá abajo —

El Hombre por encima de los 60 años. ¿Qué hay ahí?

El Hombre. ¡Mira!

El Hombre por encima de los 60 años. No veo nada. ¿Qué hay?

El Hombre. Ahí, mira, ahí —

El Hombre por encima de los 60 años. No veo nada, solo agua —

El Hombre. No, ahí —

El Hombre por encima de los 60 años. ¿Dónde?

El Hombre. ¡Ahí! ¿Eso no es un bote?

El Hombre por encima de los 60 años. ¿Un bote? Cómo vas a poder ver un bote desde aquí —

El Hombre. ¡Sí, un bote! Un bote repleto de personas, ¿no lo ves?

El Hombre por encima de los 60 años. Desde diez kilómetros de altura —

25

El Hombre joven.

El Hombre joven. Un viejo se acercó a la cigarra y le dijo:
házmelo a mí.
Venga. Házmelo a mí.
Quiero volver a ser joven.

Pero no era posible. La cigarra hizo lo que pudo, pero el viejo no pudo volver a ser joven, hiciera la cigarra lo que hiciera.

Si pudiera pedir un deseo, decía el viejo.
Y entonces no dijo nada durante un largo rato. Y la cigarra hizo lo que pudo.
Y el viejo no dijo nada durante un buen rato, y entonces se enfadó mucho.
El viejo se enfadó mucho consigo mismo, con su edad, se enfadó mucho porque ya no podía volver a ser joven, y finalmente se enfadó mucho con la cigarra.

Pensé que podías con eso.
Pensé que podías con eso.

Y, como el viejo estaba tan enfadado, se volvió injusto, y se volvió tosco. Violento. Ya no podía volver a ser joven, pero todavía era fuerte, y pesado. Y le arrancó a la cigarra una antena.

26

El Hombre, la Mujer por encima de los 60 años, el Hombre joven, la Mujer joven, el Hombre por encima de los 60 años.

El Hombre por encima de los 60 años. Ahora Inga y Eva, las dos azafatas, están comiendo, el número 25 y el 6, y la conversación llamea por un instante nuevamente, hablan de la puesta de sol camino a occidente, conversan sobre el despunte de la noche por encima de las nubes, un final del día, desgarrado y deshilachado, ajeno, prolongado, y conversan sobre la salida del sol durante el vuelo hacia el este, conversan sobre el amanecer por encima de las nubes, rojo e irreal, una salida de sol en cuya dirección vuela la máquina, un amanecer, desgarrado, subrayado, apretado, y qué bello es de todos modos.

El Hombre. Entonces las dos vuelven a guardar silencio, esta vez largamente, cada una con sus cosas, a veces sus miradas se posan sobre la alfombra que cuelga en la pared, sobre la alfombra china, en la que se ve un dragón de oro, y la camarera pregunta:
¿desean algo más de beber?

El Hombre joven. ¿Desean algo más de beber?

El Hombre por encima de los 60 años. No, gracias.

El Hombre joven. Sonríen, los tres sonríen.

El Hombre. La muchacha, la camarera, 26, del golfo de Tonkín, y una de las azafatas, Eva, cabello oscuro, 28, y la otra azafata, Inga, rubia, 31, las tres sonríen, la camarera se vuelve a ir —

El Hombre por encima de los 60 años. La azafata de cabello oscuro, Eva, sigue comiendo el 25, Bami Pat, e Inga, la azafata rubia, come el número 6, la sopa thai.

El Hombre. Quieres probar, Eva —

El Hombre por encima de los 60 años. Sí, Inga, venga —

El Hombre deja que el Hombre por encima de los 60 años pruebe la sopa.

El Hombre. Ella sorbe la sopa con ruido con la cuchara.

El Hombre por encima de los 60 años. Eva sorbe la sopa con la cuchara. La mejor sopa asiática de mi vida la probé en San Francisco.

El Hombre. ¿Sí?

El Hombre por encima de los 60 años. Sí, en San Francisco. Magnífica — tenía un sabor maravilloso.

El Hombre. Sí, no,
y entonces Inga, en el fondo de la sopera, entre la caña de limón y el jengibre thai y los tomates y los champiñones,
encuentra un diente, un diente sanguinolento.
Ahí está, en el fondo de la cazuela,
el diente,
un diente, un diente entero, sanguinolento, lleno de caries,
el diente incisivo de un ser humano,
qué asco, dice la del cabello oscuro,
no voy a comer ni un poquito más.

El Hombre por encima de los 60 años. El diente incisivo de un ser humano,
qué asco, no voy a comer más, nos vamos, me voy, no me quedo aquí ni un minuto más,
asqueroso, esto es asqueroso,
un diente, un diente sanguinolento en la sopa,
¿vienes? ¿No vienes?
Se levanta, se va, se esfuma del lugar.

El Hombre. La mujer rubia, Inga, 31,
se queda sentada, en la cuchara frente a ella el diente con el maldito hueco. Mira y mira el diente una y otra vez.

La Mujer por encima de los 60 años. Otros encuentran un anillo de oro en la barriga de un pez.

El Hombre por encima de los 60 años. Otros encuentran un diamante entre la hierba alta.

27

El Hombre, la Mujer por encima de los 60 años, el Hombre joven, la Mujer joven, el Hombre por encima de los 60 años.

El Hombre. El hueco en la dentadura del pequeño en la cocina del restaurante Asia-Thai-Vietnam EL DRAGÓN DE ORO no deja de sangrar.

La Mujer joven. ¡Cómo sangra!

El Hombre por encima de los 60 años. Déjame ver otra vez —

La Mujer joven. No deja de sangrar todo el rato.

La Mujer por encima de los 60 años. A ver — tenemos que cauterizar, quizás tengamos que cauterizar para que deje de sangrar —

El Hombre. Pero dónde está el diente, el diente, qué tal si simplemente volvemos a meterle el diente en el hueco —

El Hombre joven. El diente se perdió.

El Hombre. ¿Se perdió?

El Hombre joven. El diente se perdió.

El Hombre por encima de los 60 años. Pero dónde está el diente —

El Hombre. A dónde fue a parar, tiene que estar en alguna parte — no habrá caído al suelo, tiene que —

28

El Hombre.

El Hombre. En el interior del bolso de una mujer rubia, treintañera, de noche, camino a la escalera que conduce a su casa. Un lápiz labial, un manojo de llaves, maquillaje, aspirinas, tampones, un bolígrafo. Un teléfono. Una pequeña libreta de direcciones. Viejas entradas para el cine, fósforos japoneses, cigarrillos. Una cuenta: chaqueta de punto, corte hecho a medida. Unas gafas de sol baratas de Chile. El diente incisivo de un ser humano, envuelto en una servilleta roja, totalmente lleno de caries.

29

El Hombre, la Mujer por encima de los 60 años, el Hombre joven, la Mujer joven, el Hombre por encima de los 60 años.

El Hombre. El pequeño echa la cabeza hacia atrás y el viejo trata de tapar el hueco en el maxilar superior.
El viejo dice: y esto qué es —

El Hombre por encima de los 60 años. ¿Y esto qué es?

El Hombre joven. B3: Heo Xao Xa Ot, especialidad vietnamita, arroz aromático con hierba de limón, carne de cerdo frita, marinada, con piña, tomates, hongos vietnamitas, vainas de bambú, cebollas, ajo y sésamo.

El Hombre por encima de los 60 años. Esto no puede ser.

La Mujer joven. ¿Qué?

El Hombre por encima de los 60 años. Esto no puede ser.

La Mujer joven. ¿Qué?

El Hombre por encima de los 60 años. Hay alguien ahí —

La Mujer joven. ¿Cómo?

El Hombre por encima de los 60 años. Hay alguien ahí dentro —

El Hombre. ¿Dónde?

El Hombre por encima de los 60 años. ¡En el hueco!

30

La Mujer joven y la Mujer por encima de los 60 años.

La Mujer joven. En la tienda de comestibles, al lado del restaurante. El hombre de la camisa a rayas y del pantalón cubierto de cerveza se ha quedado ahí, abrió la botella de aguardiente en la propia tienda y ahora está parado en la barra junto a la balanza y la caja de la pequeña tienda y bebe con el dueño, Hans.

La Mujer por encima de los 60 años. Hans dice, entonces déjala, entonces déjala.

Entonces déjala, entonces déjala ya. Conoces, conoces —

Hans, lo mismo que el hombre de la camisa a rayas, ya está bastante hasta aquí —

¿Conoces el dicho?

La Mujer joven. No, no lo conozco.

La Mujer por encima de los 60 años. Dice más o menos algo así como: no vale la pena estar triste por una mujer.
O: no te dejes alterar por una mujer.
O: ninguna mujer vale la pena de que alguien esté triste por su causa.

Yo tampoco lo conozco. O no me acuerdo muy bien.

En el plato de papel de aluminio bajo la barra, el olor todavía se percibe en el lugar: los restos del número 103. Carne de res horneada dos veces, con bambú, cebollas, pimientos, verduras y ajo, picante.

Y aquí tengo algo especial para ti. Quizás. Acompáñame.

La Mujer joven. Hans cierra la tienda por dentro. Detrás de la maciza barra de su tienda abre una gaveta, a primera vista llena de cintas elásticas, de tornillos, y saca una llave.

Acompáñame.
Vamos a ver, quizás, quizás. Tú eres mi amigo. Acompáñame.

31

El Hombre joven.

El Hombre joven. En la oscura construcción de la hormiga, la cigarra espera a que pase el invierno. Espera y espera, pero ha perdido la noción del tiempo desde que ha dejado de ver el sol, no puede decir cuánto tiempo lleva aquí. A veces piensa: quizás hace tiempo que pasó el invierno. Quizás hace tiempo que afuera es verano.

32

El Hombre, la Mujer por encima de los 60 años, el Hombre joven, la Mujer joven, el Hombre por encima de los 60 años.

La Mujer por encima de los 60 años. En EL DRAGÓN DE ORO, número 41, pollo thai, filete de pechuga de pollo bien asado con jengibre, habichuelas, brotes de soya, bambú, hojas de limón y salsa de coco curri roja (muy picante).

El Hombre por encima de los 60 años. Esto no puede ser.

La Mujer joven. ¿Qué?

El Hombre por encima de los 60 años. Esto no puede ser.

La Mujer joven. ¿Qué?

El Hombre por encima de los 60 años. Hay alguien ahí —

La Mujer joven. ¿Qué?

El Hombre por encima de los 60 años. Hay alguien ahí dentro —
En el hueco del diente del chino pequeño hay un grupo de personas sentadas en círculo.

El Hombre. ¿Por qué nunca llamas por teléfono? Llámanos. Esperamos tanto tus llamadas.

La Mujer joven. En el hueco del diente que no deja de sangrar están mi madre, mi padre, mi tío, mi tía y algunas otras personas.
¿Por qué nunca llamas? Llámanos.

La Mujer por encima de los 60 años. Me preocupo, dice la madre.
Por lo menos me gustaría saber si has llegado bien.

La Mujer joven. Y mi padre dice: por lo menos me gustaría saber dónde estás, hijo mío.

El Hombre por encima de los 60 años. ¿Dónde estás, hijo mío?

La Mujer joven. Estoy en EL DRAGÓN DE ORO, en la cocina, y el tío me arrancó un diente.

El Hombre. Un diente, oh, ¡qué horror! Dime —

La Mujer joven. Sí, un horror —

El Hombre. Dime, te ganas bien la vida —

La Mujer joven. Ya sé, tío, ya sé, te lo devolveré todo —

El Hombre. ¿Y tu hermana? ¿Ya has encontrado a tu hermana?

La Mujer joven. Tengo que colgar, adiós, que estéis muy bien.

El Hombre por encima de los 60 años. Que estés bien, hijo mío, y ten mucho cuidado. ¿Ya encontraste a tu hermana?

La Mujer joven. No, todavía no la he encontrado, pero ni siquiera sé dónde buscar —

La Mujer por encima de los 60 años. Ten mucho cuidado, hijo mío, ten mucho cuidado, ¿cómo fue el viaje?

La Mujer joven. Tengo que colgar, lo siento, es que no para de sangrar, que estéis muy bien, el viaje, bueno, de eso os hablaré quizás la próxima vez, cuidaros.

El Hombre por encima de los 60 años. Cuídate, hijo mío, y anda con tiento.

33

El Hombre por encima de los 60 años.

El Hombre por encima de los 60 años. Un hombre joven se acercó a la hormiga y le dijo: esa cigarra que tienes en casa. ¿Cuánto cuesta por una hora?
Poco después, el hombre joven estaba solo en la habitación con la pequeña cigarra. Alrededor no había mucho, solo una cama, una mesa, una silla.

¿Sabes?, le dijo, mi novia está embarazada, y yo no quería tener al bebé, y desde que está embarazada ya no puedo tocarla, me parece asqueroso. Y luego tuve que buscarme un trabajo nuevo porque de lo contrario el dinero no iba a alcanzar para los tres, ahora tengo que alimentarlos a todos, creo que ahora me merezco algo, creo que ahora me merezco algo muy especial, ahora voy a darme un lujo. Y entonces no trató a la cigarra como a una cigarra, sino como una cosa por la que se puede pagar y a la que te da igual si se rompe. Probablemente trató a la cigarra como le habría gustado tratar a su esposa embarazada.
Y, cuando la hormiga vio lo que el hombre joven había hecho con la cigarra, dijo: no puedes volver por aquí, o: puedes venir, pero por lo que quieres tendrás que pagar mucho más, el triple.

34

El Hombre.

El Hombre. De noche, en casa de las dos azafatas.

Inga, la azafata rubia, está sentada a la mesa, sola, en la oscuridad. Apenas entra la luz del farol en la calle. Todavía no se ha quitado el uniforme, la falda azul oscuro, las medias oscuras, los zapatos de tacones. El pañuelo del cuello.

Frente a ella, a la luz del farol, el diente.

El diente tiene un hueco. Está delante de la mujer en la mesa. El hueco atraviesa todo el diente, un diente incisivo, puede verse a través de él.

Todavía tiene puesto el uniforme. Las medias, la falda. Normalmente, cuando regresa de viajes tan largos, se quita la ropa inmediatamente. Las medias, los zapatos.

¿Cómo pudo haber ido a parar el diente a la sopa? Número 6, sopa thai con carne de pollo, leche de coco, jengibre thai (picante), de quién será este diente. Cuánto dolor debe haber sentido la persona que era dueña de este diente.

Llama a su compañera de piso, Eva.

¿Eva?

Pero Eva no la escucha. Está en una habitación al lado de ella, con su novio.

El diente, sobre la mesa delante de la mujer rubia.

La mujer se mete el diente en la boca.

El Hombre se mete el diente en la boca.

El diente sabe un poco a la sopa thai y sabe un poco a sangre. La lengua de la mujer tantea el hueco en el diente ajeno.

La lengua del Hombre tantea el hueco en el diente ajeno.

Y, entonces, la azafata rubia vuelve a colocar el diente sobre la mesa. ¿Qué hace con el diente? No lo puede tirar.

35

La Mujer joven y la Mujer por encima de los 60 años.

La Mujer joven. El comerciante de comestibles vive directamente encima de su tienda, solo hay que subir una escalera. El hombre en camisa a rayas dice:
nunca he estado en tu casa.

La Mujer por encima de los 60 años. El comerciante de comestibles, dice: ¿nunca has estado en mi casa?

La Mujer joven. No —

La Mujer por encima de los 60 años. ¿De verdad que no?

La Mujer joven. ¡No! ¡De verdad que no!

La Mujer por encima de los 60 años. *(Se sorprende un poco.)* Pasa, pasa —

La Mujer joven. Esto es —

La Mujer por encima de los 60 años. Qué —

La Mujer joven. No puede ser —

La Mujer por encima de los 60 años. Por qué —

La Mujer joven. El hombre de la camisa a rayas abre otra cerveza e, incrédulo, recorre el apartamento del comerciante de comestibles —
No puede ser —

La Mujer por encima de los 60 años. Por qué, qué no puede ser —

La Mujer joven. El apartamento del comerciante de comestibles no es tal sino más bien una especie de almacén, hasta el techo de provisiones. Arroz, pastas, leche descremada, sal, azúcar, por todas partes, todo está repleto de esas cosas. Carne seca, salchichas.

Esto, esto no es una casa.

La Mujer por encima de los 60 años. ¿Por qué no?

La Mujer joven. Esto es un almacén —

La Mujer por encima de los 60 años. Un almacén, ¿qué clase de almacén?

La Mujer joven. Un almacén de mercancías, todo aquí está lleno de eso.

La Mujer por encima de los 60 años. Las provisiones son importantes — las provisiones son más que importantes, en verano nadie piensa en ello, pero en invierno, cuando hace frío —

La Mujer joven. Hay que abrir un túnel para poderla atravesar.

Bebe. El comerciante de comestibles bebe también.

36

El Hombre, la Mujer joven, el Hombre por encima de los 60 años.

El Hombre. Inga, la azafata, a la mesa, de noche, sin luz. La única luz, el brillo del farol de la calle. Frente a ella: El diente sobre la mesa, el diente arroja una sombra.
¿Qué hago con esto? No puedo arrojarlo, pero tampoco lo puedo conservar.

En la habitación de al lado, Eva, la segunda azafata, le dice a su novio:

El Hombre por encima de los 60 años. Sabes una cosa, hace un rato, Inga se encontró un diente en la sopa allá abajo, en el dragón de oro.

La Mujer joven. Qué sopa —

El Hombre por encima de los 60 años. Allá abajo en el chino, la sopa thai número 6. Un diente de ser humano.

La Mujer joven. Yo jamás me he encontrado un diente en la sopa.

El Hombre por encima de los 60 años. Cuando Eva y su novio se conocieron, él le dijo: pareces una muñeca Barbie.

La Mujer joven. Pareces una muñeca Barbie.

El Hombre por encima de los 60 años. Y cuando se juntaron, ella le dijo: ahora tú eres el follador de la Barbie. Ahora tú eres el follador de la Barbie.

La Mujer joven. *(Ríe.)* Sí, soy el follador de la Barbie.

Pausa breve.

¿Qué tal de vuelo?

El Hombre por encima de los 60 años. ¿Qué tal de vuelo?, pregunta ahora el follador de la Barbie.
El vuelo estuvo bien, todo en orden hasta que Inga se encontró el diente en la sopa.

La Mujer joven. ¿Vamos a la cama?

El Hombre. Eva al lado de la cama con su novio al que llama el follador de la Barbie. En la oscura habitación sobre la mesa frente a la mujer rubia: el diente.

37

El Hombre joven, la Mujer por encima de los 60 años.

La Mujer por encima de los 60 años. Ya es tarde. La nieta va a casa del abuelo. Abuelo, quería decirte algo.

El Hombre joven. Sí, ¿qué cosa, mi niña? ¿Qué pasa, qué tienes?

Pausa breve.

¿Qué tienes?

La Mujer por encima de los 60 años. Voy a tener un niño.

El Hombre joven. Un niño —

Pausa breve.

¿Y?

La Mujer por encima de los 60 años. Voy a tener un niño, pero no lo quiero tener. Me gustaría que todo volviese a ser como antes.

38

El Hombre joven.

El Hombre joven. La cigarra en la pequeña habitación en construcción de la hormiga, aquí no hay mucho, una silla, una mesa, una cama.

A veces piensa que el invierno tiene que haber terminado hace mucho, le gustaría ver si ya llegó el verano.

Pero tiene miedo de que algo le suceda por el camino. Que no logre salir sano y salvo de esta.

39

El Hombre, la Mujer por encima de los 60 años, el Hombre joven, la Mujer joven, el Hombre por encima de los 60 años.

El Hombre. En el restaurante Thai-China-Vietnam EL DRAGÓN DE ORO. El pequeño no deja de sangrar.

El Hombre joven. ¡Si pudiéramos encontrar el diente!

La Mujer por encima de los 60 años. El diente se perdió.

El Hombre. Número 30: Bami Goreng — pasta asada con carne de pollo, camarón, curri y verduras (levemente picante).

La Mujer joven. Tengo mucho frío.

El Hombre por encima de los 60 años. Está totalmente pálido.

La Mujer joven. Mucho, y eso que aquí dentro siempre hace calor.

La Mujer por encima de los 60 años. Calor, calor, sí, por los mecheros de gas, aquí siempre hace calor —

La Mujer joven. Aquí hace frío.

El Hombre. Esa es la circulación.

El Hombre por encima de los 60 años. ¡Estuviste hablando con tu mamá! ¡A través del hueco en la boca!

El Hombre joven. Sí, es verdad, la circulación.

El Hombre por encima de los 60. ¡Deberías llamarla más a menudo!

El Hombre. Número 71: Ra Para, servido sobre una plancha caliente: calamar con ajo, chile, verduras y albahaca thai.
Y entonces el pequeño se cae del taburete.

El Hombre por encima de los 60 años. Je, je —

El Hombre joven. Je —

El Hombre. Qué te pasa, qué te pasa —

40

La Mujer joven.

La Mujer joven. De noche, en casa del comerciante de comestibles Hans: el comerciante de comestibles y el hombre de la camisa a

rayas, que hoy se ha separado definitivamente de su esposa, la cual había conocido a otro hombre en un ensayo del coro. Escuchan música a todo trapo, bien alto, y están casi totalmente borrachos. Casi totalmente.
La música suena tan alto, retumba en mis oídos.
La casa está a oscuras, como si los cristales hubiesen sido tapados y pegados, pero no lo están, solo que delante de todas las ventanas hay estantes, y estos están llenos de cosas, estantes y escaparates, todo lleno de provisiones, pastas, arroz, azúcar, sal. Y entre todos los estantes y escaparates hay dos sofás, en un rincón del lugar hay encendida una única lámpara para lectura.
Están sentados en los sofás, y están tan borrachos que apenas nos pueden mover.

41

El Hombre, la Mujer por encima de los 60 años, el Hombre joven, la Mujer joven, el Hombre por encima de los 60 años.

LA MUJER POR ENCIMA DE LOS 60 AÑOS. En la cocina del restaurante Thai-China-Vietnam EL DRAGÓN DE ORO.

Pausa breve.

El pequeño está blanco como la nieve —

EL HOMBRE. Blanco como una azucena —

EL HOMBRE JOVEN. Blanco como una flor de cerezo.

EL HOMBRE POR ENCIMA DE LOS 60 AÑOS. Está muerto.

LA MUJER POR ENCIMA DE LOS 60 AÑOS. Se desangró.
Ay, pequeño, ay, pequeño.

EL HOMBRE. Número B5: Bo Xao Xa Ot, carne de res asada, con col china, pimiento, setas vietnamitas, vainas de bambú, cebolla, ajo, hierba de limón.

LA MUJER JOVEN. El chino se ha desangrado y yace junto a los rojos y azules botellones de gas en el suelo de la pequeña cocina del restaurante China-Thai-Vietnam EL DRAGÓN DE ORO.

42

El Hombre joven.

El Hombre joven. La cigarra en la pequeña habitación en la construcción de la hormiga: aquí no hay muchas cosas, una silla, una mesa, una cama.
A veces piensa que el invierno tiene que haberse terminado hace rato, le gustaría comprobar si efectivamente ya llegó el verano.
Pero tiene miedo de que algo le suceda por el camino. Que no salga ileso de esta.

43

El Hombre por encima de los 60 años y la Mujer joven, que está a su lado.

El Hombre por encima de los 60 años. Eva, la acompañante de vuelo de cabello oscuro, y su novio.
Yo siempre lo llamé el follador de la Barbie, y al principio eso a él quizás le hizo gracia, pero después ya no le hizo tanta, y luego se la volvió a hacer.
Sé que esa es una frase estúpida, el follador de la Barbie, y no sé por qué no dejo de llamarlo así.
Soy demasiado joven para él. Me pregunto qué es lo que siente al tocar mi cuerpo tan joven. Cuando yo toco el de él, siento la edad. Él está muy bien, es un hombre atractivo. Pero siento la edad de su piel. Me gusta mucho, pero quizás también, a la vez, lo desprecio. O me desprecio a mí misma, y por eso lo llamo así.

Pausa breve.

Si pudiera ser algo totalmente distinto a lo que soy. Si pudiera ser algo totalmente distinto a lo que tengo que ser. Otra persona.

Pausa breve.

Si pudiera pedir un deseo.

Si pudiera no ser ya la azafata y la amante del follador de la Barbie. Y si el follador de la Barbie ya no fuera el follador de la Barbie. Si pudiéramos cambiar, entonces yo sería el piloto que sigue siendo atractivo, que atravesando todas las fronteras ha visitado cada país de esta Tierra, y él — él sería la bella azafata que provisionalmente se pasa la vida repartiendo comida dentro de un tubo retumbante a 33 000 pies de altura sobre el nivel del mar.

Que tal eso —

44

El Hombre, la Mujer por encima de los 60 años, el Hombre joven, la Mujer joven, el Hombre por encima de los 60 años.

El Hombre por encima de los 60 años. En la cocina de EL DRAGÓN DE ORO yace el pequeño chino, el nuevo, el que buscaba a su hermana o la estuvo buscando, muerto en el suelo junto a los botellones de gas. Desangrado, con la rapidez del viento.

La Mujer por encima de los 60 años. Cómo le vamos a —

El Hombre joven. Si él no puede —

El Hombre. No se puede quedar aquí tirado —

El Hombre por encima de los 60 años. No se puede quedar aquí tirado.

La Mujer por encima de los 60 años. Ay, mi pequeño, mi pequeño —

La Mujer joven. Envuelven al chino muerto en una alfombra que quitaron de la pared en la parte delantera de EL DRAGÓN DE ORO, justo en el instante en que por un momento no había nadie en el restaurante.
Es la alfombra con EL DRAGÓN DE ORO, aquella que el chino muerto siempre quiso mirar con más detalle, porque donde vivía antes no existían alfombras como esa. Y ahora ya es demasiado tarde.

La Mujer por encima de los 60 años. Ay, mi pequeño, mi pequeño.

La Mujer joven. EL DRAGÓN DE ORO cierra por hoy. La luz se apaga en el restaurante, y el letrero lumínico y los faroles rojos a la entrada se apagan. El clicar de los interruptores.
Uno de los cocineros cierra la puerta desde afuera.

Por la puerta trasera los otros abandonan el restaurante. Cargan sobre los hombros una alfombra enrollada y pesada.
Es una noche cálida.

45

El Hombre joven, la Mujer joven, la Mujer por encima de los 60 años.

El Hombre joven. La cigarra pensó que quizás la hormiga se hubiera dormido, a pesar de todo el ruido, porque había bebido mucho, por eso salió de la habitación, de noche, a la una y media de la madrugada. Pero la hormiga no estaba dormida, estaba despierta, o casi despierta, y recibía la visita de un hombre con camisa de rayas, que también estaba despierto, los dos estaban sentados y bebían y fumaban, y la música se oía tan fuerte que apenas se podía aguantar —

La Mujer joven. De pronto, una joven asiática está a la habitación.

Pausa.

De pronto, una joven asiática está en la habitación.
Yo digo:
Ey, de dónde vienes.

El Hombre joven. Él dice: ey, ¿pero de dónde vienes?

La Mujer joven. Ey, de dónde, de dónde, de dónde vienes, dime, Hans, de dónde sale esta, Hans, Hans, despierta, mira quién está aquí, Hans, ¿de dónde la sacaste? Hans se ha dormido. Hans, despierta, mira, mira quién está aquí.

El Hombre joven. El hombre de la camisa de rayas le dice a la cigarra: Qué bella eres. Ven, dice, siéntate aquí. Está totalmente borracho y tiene algo herido, tosco y malvado en su mirada borracha, la cigarra ya conoce esa mirada.

La Mujer joven. No, no, no, Hans, despierta, dime, pareces, pareces como — no tienes que tener miedo, de verdad, no tienes que tener ningún miedo, mira, yo estoy sentada aquí, con Hans, con mi amigo Hans y hemos bebido un poco, está bien, tampoco está prohibido, pero de verdad, cariño — Derramo por error algo de cerveza —

La Mujer derrama algo de cerveza.

El Hombre joven. Él derrama por error algo de cerveza, no es grave, después lo limpio.

La Mujer joven. Pero ¿qué estás diciendo, pero ¿qué estás diciendo?

El Hombre joven. No es nada malo, después lo limpio —

La Mujer joven. Pero no debes de tener ningún miedo, ningún miedo, ¡no de mí! ¡De mí para nada!

Pausa breve.

Eres — eres tan bello, con esos brazos y piernas tan delgados pareces como — ¿Sabes lo que pareces? Pareces un saltamontes.

Pausa breve.

Pareces un saltamontes chino. Increíble. Menuda aparición, en medio de la noche. De repente, todo un continente lejano está en la habitación. ¡Es que tú traes contigo miles de años de historia! Historia, ¿entiendes? China, la muralla china. La ciudad prohibida. El desierto. El Río amarillo. El camino de la seda. La invención de la pólvora y de la imprenta. Todo eso es China. Mil millones de chinos.

Pausa breve.

De allá vienes. ¿No? ¿No vienes de China?

Pausa breve.

Ven aquí. Siéntate. Ven, vamos a conversar. Ven.

46

El Hombre, la Mujer por encima de los 60 años, el Hombre joven, la Mujer joven, el Hombre por encima de los 60 años.

La Mujer por encima de los 60 años. De noche, en la ciudad, afuera. En un puente sobre un río. Los cuatro asiáticos de EL DRAGÓN DE ORO y el joven muerto, enrollado en la alfombra que hasta ese momento había colgado a la pared en la parte delantera del restaurante.

¿De verdad queréis tirarlo al agua?

El Hombre. ¿Dónde lo metemos si no?

La Mujer por encima de los 60 años. No sé, en algún lugar, esto no está bien.

El Hombre por encima de los 60 años. Debemos dejarlo simplemente en algún lugar, simplemente dejarlo tirado en la calle —

La Mujer joven. Ojalá no me arrojen del puente, me pregunto cómo sería caer por este puente.

El Hombre. No, no lo dejéis en la calle, qué será de él si lo dejáis en la calle —

La Mujer por encima de los 60 años. Pobre —

La Mujer joven. Ojalá no me tiren por el puente.

El Hombre. Tirémoslo simplemente por el puente —

El Hombre por encima de los 60 años. ¿Por el puente?

El Hombre. Sí, lo tiramos por el puente —

La Mujer joven. Levantan la alfombra con gran esfuerzo sobre la baranda, tienen que darle vueltas una vez más y luego lo desenrollan.

Ahí está de nuevo, el dragón de oro, si solo lo hubiera podido mirar antes, siempre quise mirarlo en calma, casi puedo cogerlo, ahora se agita brevemente la alfombra en el viento.
Adiós.

Caigo por el puente al agua, mi cuerpo se hunde en el gélido río, a través del hueco del diente, el agua entra dentro de mí y nado en dirección a casa.
El río me acoge, me lleva consigo, kilómetro a kilómetro.
Me arroja al mar del Norte, una corriente me arrastra en dirección norte, primero a lo largo de Noruega, luego Finlandia y Rusia, hacia el glacial mar Ártico, y cuando el mar está congelado, me arrastro por debajo de la capa de hielo, quizás me empuje un pez o una ballena.
Recorro toda Rusia, toda Siberia a lo largo del mar Ártico, es un viaje largo.
Atravieso el estrecho de Bering y el mar de Bering.

Y luego viene la península de Kamchatka —
No falta mucho, pronto llegaré a casa.
A lo largo de Japón en la lejanía durante el amanecer y al caer la noche del mismo día, al fin: China.
Estoy aquí, casi estoy en casa. Solo 3000 kilómetros río Amarillo arriba, el Huang He contra la corriente, contra la corriente del río Amarillo hacia arriba, por tres provincias, primero hacia occidente, luego al norte, y ya estoy en casa.
Pero ¿qué aspecto tengo? ¿Cuánto tiempo estuve en camino? ¿Semanas? ¿Meses? ¿O años? Fue un largo viaje. Fue un viaje muy largo. Pueden haber sido años los que estuve en camino.
¿Qué aspecto tengo? No queda nada de carne en los huesos lavados por el agua salada y el agua del río. Un par de algas. Quizás no sea una visión bonita.
Estoy contento de estar en casa de nuevo.
Tengo hambre.
Hola, querido y honorable tío, lo siento, todo el dinero, todos los billetes que reunistéis aquella vez no los volveréis a ver jamás.
No, no los volveréis a ver jamás, lo siento.
Eso sí, el viaje de regreso lo hice gratis, totalmente gratis y completamente solo.
Querida madre, cuan blanco se ha vuelto tu cabello negro.
¿Y papá murió hace dos años? Qué triste.
Mi hermana —
No, nunca encontré a mi hermana, lo siento mucho, no era tan fácil, ¿no ha regresado hace ya mucho tiempo?
No sé qué ha sido de ella, no lo sé, cómo iba a encontrar a la muchacha, quién sabe dónde está, y con quién está y lo que tiene que hacer para ganar su dinero.
Quizás alguien la acogió, el hecho de que no se comunique puede ser también buena señal, quizás limpie en algún lugar, o baile, ¿nunca llamó?
Quizás no pueda llamar, quizás donde esté ahora no hay teléfono. Puede ser. Quizás está ahorrando dinero y prefiera no llamar. Mejor ahorrar, para más tarde. Quizás pronto haya noticias de ella.
Siempre tuve la sensación de que estaba cerca de mí. Quizás esté bien.
¿Que cómo me va? Bien. Muy bien. Fue un viaje muy largo. Perdí un diente. Me dolía desde el principio, poco después de partir ya

empezó a dolerme. Y pensé: ya se arreglará. Pero no mejoró, el diente siguió doliendo cada vez más. Y siguió doliendo cada vez más hasta que me lo sacaron, en EL DRAGÓN DE ORO, atrás, en la cocina, con un alicate rojo de esos para tuberías.

47

La Mujer por encima de los 60 años y la Mujer joven y el hombre joven.

LA MUJER POR ENCIMA DE LOS 60 AÑOS. En casa del comerciante de comestibles Hans. Por un momento, Hans se durmió en el sofá:
dime, te estás haciendo el tonto, has visto lo que has hecho con ella, mírala cómo sangra, ¡ay, Dios!, ¡ay, Dios!, ¡no es un animal!

LA MUJER JOVEN. El hombre de la camisa a rayas, apocado, no precisamente tímido, en realidad no le interesa:
lo siento, lo siento.
Lo siento, lo siento.

Pausa breve.

LA MUJER POR ENCIMA DE LOS 60 AÑOS. Ay, Dios — qué has hecho con — así —

LA MUJER JOVEN. Sí, lo siento, lo siento. Pasó. Lo siento.

LA MUJER POR ENCIMA DE LOS 60 AÑOS. Así cómo va a volver a — Cómo va a poder — Estás borracho o qué te pasa, la ha destrozado por completo, por completo —
Escúchame, jovencito, vas a pagar por esto, simplemente no puedes, esto me lo vas pagas, pobre cosita —
El comerciante de comestibles llora.

La Mujer por encima de los 60 años llora.

48

El Hombre.

EL HOMBRE. Inga, la azafata rubia, en su casa.

Ella coge el diente de la mesa, lo echa en el bolsillo de la chaqueta y abandona el apartamento. Desde la puerta en la habitación de abajo retumba música a todo trapo. Es la casa del comerciante de víveres.
Ni un alma en la calle.
La ciudad de noche.
Las luces en las ventanas. Poco tráfico.

Pronto llega al puente sobre el río. Los chinos se acercan, o son vietnamitas, toda la familia, si es que son una familia, los de EL DRAGÓN DE ORO.

Buenas noches.

LA MUJER POR ENCIMA DE LOS 60 AÑOS. Buenas noches.

EL HOMBRE. Buenas noches. ¿Todavía en pie a estas horas?

EL HOMBRE POR ENCIMA DE LOS 60 AÑOS. Sí, sí, paseando un poco todavía.

EL HOMBRE JOVEN. Cortés: ¿y usted, todavía despierto, ahora, a estas horas? Ya es tarde.

EL HOMBRE. Sí, es tarde. Pero no estoy cansado.

LA MUJER POR ENCIMA DE LOS 60 AÑOS. ¡No está cansado!

EL HOMBRE. No, no estoy cansado.
Inge ahora podría decir: mire, usted, este diente me lo he encontrado hoy en mi sopa, en la sopa thai número 6: sopa thai con carne de pollo, leche de coco, jengibre thai, tomates, champiñones, caña de limón y hojas de limón (picante), en su local, EL DRAGÓN DE ORO, pero no he dicho nada.

EL HOMBRE DE MÁS DE 60 AÑOS. Sí, bueno, entonces que tenga una buena noche —

EL HOMBRE. Sí, gracias, para usted también, buenas noches.

LA MUJER POR ENCIMA DE LOS 60 AÑOS. Buenas noches.

EL HOMBRE. La mujer rubia en el puente.
Los chinos han desaparecido. En medio del puente, ella se detiene y mira hacia abajo, hacia al agua negra.

Saca el diente del bolsillo de la chaqueta de su uniforme de azafata.

Se lo mete una vez más en la boca.
Ahora ya no sabe a sangre ni a sopa thai.

La mujer en el puente escupe el diente, como si fuera una semilla de cereza, escupo el diente al río.

Pausa breve.

El diente en el aire, brevemente.
Pero luego la oscuridad bajo el puente se traga el diente, la mujer no puede ni ver ni oír cómo cae al agua. Ni un sonido, ni ningún anillo en el agua.
Nadie excepto la mujer rubia sabe que en el fondo del río hay un diente. El diente ha desaparecido. Como si nunca hubiese existido.

Pausa breve. Toma un diente en la boca y luego lo escupe. El diente desaparece en la oscuridad.

FIN

Peggy Pickit ve el rostro de Dios

Peggy Pickit sieht das Gesicht Gottes

Peggy Pickit ve el rostro de Dios se estrenó en 2010 en el Volcano Theatre de Toronto, y el mismo año en el Deutsches Theater Berlin.

Personajes

Liz
Frank
Martin
Carol

Los cuatro tienen poco más de cuarenta años. Frank es médico y subjefe de una clínica universitaria, tal vez incluso especialista en enfermedades infecciosas. Liz ha trabajado hasta el nacimiento de su hija como enfermera.

Carol y Martin han trabajado en los últimos seis años como médicos bajo condiciones difíciles en una clínica provisoria del tercer mundo. Los cuatro se conocen desde el trabajo en conjunto en el hospital después de los estudios de medicina, y se graduaron en el mismo año.

Lugar

La casa de Liz y Frank, en cualquier ciudad universitaria del mundo occidental.

Mis agradecimientos para todos ellos, sin cuyo estímulo y soporte no existiría este trabajo:
Ross Manson, Meredith Potter von Vulcano, Christina Anderson y Binyavanga Wainaina, Liesl Tommy, Josette Bushell-Mingo, Anurita Bains, Weyni Mengesha y Jutta Brendemühl.

1.1

FRANK. Fue una catástrofe total.
Un desastre absoluto.

Pausa.

Es de locos.

Pausa.

1.2

Liz y Frank han invitado a Carol y Martin a cenar a su casa. Carol y Martin acaban de llegar. Las dos parejas se saludan.

LIZ. *(Saluda suavemente a Carol.)* Ey —

CAROL. Ey —

LIZ. ¡Ey!

CAROL. Ey, ¿qué hay? —

Las dos mujeres se abrazan largo rato y de forma cariñosa. Son viejas amigas. Liz tiene que llorar.

FRANK. *(Sin poder articular palabra.)* Ey, tío, ey —

MARTIN. *(Tiene de algún modo que sonreír, quizás irónicamente.)* Ey, ey —

Se abrazan.

CAROL. *(A la llorosa Liz, a quien todavía abraza.)* No, ey, que no, venga, va — nada de llantos.

LIZ. *(Ríe y llora a la vez.)* Sí, terrible, este lloriqueo es terrible, lo sé, soy terrible, lo siento, no lo puedo evitar, me alegro tanto —

Se seca las lágrimas y continúa llorando y riendo.

FRANK. *(A Martin.)* ¡Tío! ¡Tío, tío, tío!

Pausa breve.

LIZ. Otra vez aquí —

CAROL. Otra vez aquí — hemos vuelto aquí.

FRANK. Estáis estupendos. ¡Realmente estupendos!

1.3

LIZ. Si bien no era del todo cierto. No tenían mal aspecto, morenitos, claro, pero más viejos, claramente más viejos. Canosos, más viejos y — ajados. Cansados. Habían perdido mucho peso, especialmente él, Martin.

1.4

FRANK. Estáis estupendos. ¡Realmente estupendos!

MARTIN. Y vosotros estáis fantásticos — ¿Cómo le va a la pequeña familia? — ¿Y dónde está? — ¿Dónde está? —

FRANK. *(Le dice en broma «asustado» a Martín.)* Ni rastro de panza cervecera, ¿qué es eso, una panza cervecera? — ¡Se acabó! Increíble, ¿cómo lo has logrado? —

MARTIN. ¿Dónde está...? —

FRANK. *(De repente, hace a un lado a Martin, y se dirige a Carol.)* Ey, Carol.

Extiende los brazos. Grandes ademanes.

Bienvenidos. Bienvenida a Occidente, doctora. Bienvenida — a casa.

CAROL. *(Sonríe.)* Ey, Frank. Muchas gracias. Muchas gracias por la invitación, doctor.

Frank abraza a Carol.

MARTIN. Liz —

LIZ. Martin —

Martin y Liz se abrazan.

Liz resopla alegre, incrédula, y abre una botella de champaña, o lo intenta por lo menos. Luego le pasa la botella a Frank.

Quiero decir, esto hay que pararse a pensarlo un momento, cuando nos vimos la última vez, todos teníamos treinta y cinco años, treinta-y-cinco. Éramos jóvenes. Y ahora tenemos cuarenta y uno — *cuarenta*-y-uno. Hace seis años éramos jóvenes.

Pausa breve. Exultante:

¡Y ahora somos viejos!
Gracias a Dios en medio nos pillamos una hija —

Se asusta acerca de su propia impertinencia.

Uyuyuy, ayseñorseñor, creo que esto me lo podría haber ahorrado —

1.5

CAROL. Y ahora somos viejos. La manera cómo lo dijo —

Pausa breve.

No me dio la impresión de que se refería a ella misma.

Pausa breve.

Más bien tuve la sensación de que se refería a mí.

1.6

LIZ. Ayseñor, ayseñorseñor, creo que esto me lo podría haber ahorrado —

CAROL. *(Riendo.)* Sí, sí, venga, dilo, ¡di todo lo que piensas! Somos viejos —

Exagerada, como si estuviera describiendo una visión apocalíptica:

¡Y pronto estaremos más secos que unas ciruelas *desecadas*!

FRANK. No, basta, basta, basta. Estáis estupendos — nadie se ha chupado, ni secado.

LIZ. *(Llena los vasos.)* Rápido: a beber, rápido. A beber, terrible, soy terrible —

MARTIN. No, no eres terrible, solo eres franca —

LIZ. Soy terrible, quiero decir, no nos hemos visto en seis años —

FRANK. ¡Seis años!

LIZ. Uuaah — seis años. El tiempo no se para. ¡Bienvenidos!

Ella levanta la copa.

1.7

FRANK. Horrible. Un completo desastre.

Pausa breve.

Ella le dio una bofetada en la cara con la mano bien abierta, lo más fuerte que pudo.

Carol le da una bofetada a Liz en la cara.

1.8

LIZ. *(Levanta la copa.)* El tiempo no se para. Bienvenidos de corazón.

MARTIN. Seis años.

Carol. Han pasado muchas cosas. En estos años.

Liz. Es mucho lo que ha pasado.

Beben.

Martin. Seis años sin champaña.

Pausa breve.

Carol. Os hemos traído una cosa —

1.9

Martin. Odio las invitaciones, las invitaciones me dan claustrofobia, siempre fue así. La única solución para sobrevivir a las invitaciones, es el alcohol. Sin alcohol no puedo superarlas.

1.10

Carol. Os hemos traído algo

Liz. ¿Qué? ¿Y esto por qué? Si no hacía

Carol ha traído una bolsa de papel.

Carol. Claro que sí, claro que sí, por supuesto, o sea, de hecho, no es para vosotros, sino para, para —

1.11.1

Frank. Ella había olvidado el nombre. Ella había olvidado el nombre de nuestra hija.

1.11.2

Carol. Me olvidé del nombre. Me olvidé del nombre, y eso que lo sabía, si le di vueltas todo el tiempo a que le podía llevar a la niña, tampoco había tanto donde elegir como regalo para un niño, y entonces va y no me venía el nombre a la cabeza.

1.12

CAROL. Os hemos traído algo.

LIZ. ¿Qué? ¿Y esto por qué? Si no hacía —

CAROL. Claro que sí, claro que sí, por supuesto, es decir, en realidad no es para vosotros, sino para — para —

Pausa breve.

No me lo puedo creer —

LIZ. ¿Qué pasa? —

CAROL. *(Mira a su alrededor buscando ayuda.)* No me lo puedo creer —

LIZ. Pero qué pasa, qué tienes —

CAROL. No me acuerdo del nombre, por qué no me acuerdo del nombre —

FRANK. Qué nombre —

CAROL. *(Ligeramente en pánico.)* El nombre, el nombre de vuestra hija, no me lo puedo creer —

LIZ. Kathie —

CAROL. ¡Kathie! ¡Por Dios! Kathie — claro que sí, por cierto, dónde se ha metido — ¿Dónde está?

FRANK. Hoy duerme con los vecinos. Con una amiga. Britt. Una niña horrible.

Pausa breve.

Como de material sintético.

LIZ. Calla —

1.13

CAROL. Ella siempre quería leernos las cartas. Incluso la había sacado ya para leerla. Y nos quería enseñar la muñeca, la figura de plástico esa: «Peggy Pickit», se llamaba. O algo así.

1.14

FRANK. Una niña horrorosa.

Pausa breve.

Como de material sintético.

LIZ. Calla —

CAROL. *(Riendo.)* ¿Quién?, ¿quién es de material sintético, Britt o Kathie?

FRANK. Britt, por supuesto, Kathie es genial. Una de las maravillas del mundo.

Pausa breve.

Aunque — quizás tendría que mirarla mejor — quizás Kathie también sea de plástico, quién sabe, quizás tendría que examinarla más detenidamente —

1.15

MARTIN. Tenían dificultades, eso estaba claro. Se alegraron realmente mucho de vernos, pero estaba claro que tenían dificultades, y de eso no hacía precisamente poco.

1.16.1

CAROL. *(Riendo.)* ¿Quién?, ¿quién es de material sintético, Britt o Kathie?

FRANK. Britt, por supuesto, Kathie es genial. Una de las maravillas del mundo.

Pausa breve.

Aunque — quizás deba echarle un vistazo — quizás Kathie también sea de plástico, quién sabe, quizás deba examinarla más detenidamente.

CAROL. Kathie, eso es, — cuántos años tiene ahora —

1.16.2

Liz. Frank nunca quiso la criatura.

Pausa breve.

Yo sí, sí o sí. Él no. No realmente.

Pausa breve. Se muerde los labios.

Así de fácil.

1.16.3

Carol. Kathie, eso es — cuántos años tiene ahora ahora —

Liz. *(Está por un momento perdida en sus pensamientos.)* ¿Kathie? Cinco. Casi cinco y medio.

Martin. Cinco. Casi cinco y medio. ¡Y no la conocíamos!
Solo de la foto que le mandasteis a Annie, increíble —

Frank. Enorme. Toda una albóndiga.

Liz. Como tú.

A Liz no le gusta que Frank se refiera a la niña como «albóndiga».

Pausa breve.

Nada más iros, me quedé embarazada.

Martin. *(Quiere resultar divertido.)* Un momento, eso quiere decir — que como mínimo habéis tenido sexo una vez —

Frank. *(Ríe.)* Exacto —

Liz señala el regalo que han traído Carol y Martin. El regalo está envuelto en papel diario o en papel simple. Se ve inmediatamente que ha tenido un largo camino.

¿Y eso qué es?

Carol. Ábrelo —

Liz. Pero, pero no dijiste que era para Kathie —

CAROL. No, si es para Kathie y para todos, ábrelo —

Liz arranca el papel del regalo. Aparece una pequeña figura tallada en madera, más bien simple, la figura representa a una mujer o a una niña.

FRANK. *(Más o menos amablemente interesado.)* Ey — ¿a quién tenemos aquí?

Para Liz este momento es algo muy especial.

LIZ. Oh, Dios. Qué bella es. Mira, una niña pequeña — no es —

Casi vuelve a llorar.

Qué bonita es — ¿no es? ¿La eligió Annie? Qué bonita —

1.17

CAROL. Simplemente, quedarse siempre en casa. No salir nunca. Nunca dejar el país, ni siquiera la ciudad. Tener buenos curros. Embarazarse. Tener hijos. A ser posible, dos o tres.

Pausa breve.

Sacar el coche del garaje. Meter el coche dentro del garaje. Eso debería bastar.

Pausa breve.

Y eso debería haber bastado.

1.18

LIZ. Qué bonita es — ¿La eligió Annie? Qué bonita —

Abraza de nuevo a Carol.

FRANK. Genial. Ha sido hecha realmente a mano — y con esto juegan ellos en —

Liz. ¿Cómo la llamaremos?

Martin. Hmh —

Liz. ¿Y si la llamamos Annie?

Carol. ¿Cómo, Annie? No, no — Annie no la podemos llamar, Annie es — Annie.

Pausa breve. Reflexión.

Martin. Abeni, ¿qué tal Abeni? Suena un poco a Annie, pero es algo diferente — Abeni.

Liz. ¿Abeni? ¿Significa algo?

Martin. Abeni. Ni idea, suena bonito, siempre me lo pareció —

Frank. O Abeni-Annie. O Annie-Abeni.

Martin. Vale, vale — ya está, Carol, ¿no? Annie-Abeni.

Liz. *(Algo ceremoniosa.)* Annie-Abeni — No sé, ¿o mejor solo Abeni? Bienvenidos de corazón.

Liz coloca la figura sobre una mesa baja. Al lado está la figura de Pickit, de la cual ya había hablado Carol.

Liz. Ahora puedes verlo todo bien, y escuchar.

Juega con voz impostada a que la figura de Peggy Pickit saluda a la figura de madera.

Peggy Pickit. «Hola, hola, Abeni, yo soy Peggy, Peggy Pickit, qué bien que estés aquí».

Pausa breve.

¿Y qué has hecho hoy?».

Anni-Abeni. «Oh, nada especial en realidad... primero fui envuelta en papel viejo, luego metida en una cartera, y luego la cartera fue metida en un coche, y luego todo junto en un avión, y luego en otro avión y en otro avión y entonces llegué aquí. Hola».

Pausa breve. Liz, otra vez, con su propia voz:

Os he echado tanto de menos. No sabéis cuánto. Estabais realmente lejos.

1.19

CAROL. Tal y como lo iban hilvanando, como una única soga, el trabajo, el coche, la casa, la criatura —

Pausa breve.

Con qué naturalidad.

Pausa breve.

Cómo ella se abalanzó sobre él. Cómo nunca acababa de gritarle del todo.

Pausa breve.

Ella había hecho pan, pan fresco, para celebrar nuestro regreso a casa. Olía la mar de bien.

1.20.1

LIZ. Os he echado tanto de menos. No sabéis cuánto. Estabais de verdad lejos.

CAROL. *(Con un reproche hecho sin querer.)* Ey — nos queríais visitar, eso dijisteis en el aeropuerto, que nos vendríais a visitar, justo antes de haber pasado el control, justo antes de echarte a llorar.

LIZ. *(Ríe.)* Sí — sí, eso es cierto, ¿no, Frank?, eso dijimos, y también queríamos —

FRANK. Todo el tiempo quise — o sea, para mí eso hubiera sido — había pensado todo el tiempo que yo, o nosotros, si no hubiésemos —

LIZ. Pero entonces me quedé embarazada — y con el bebé —

FRANK. *(Se encoge de hombros.)* El bebé — esa es la desventaja, cuando uno tiene hijos —

Liz. No es tan fácil viajar con el bebé — también por las vacunas — ya sabes, contra todo lo que uno debe ser vacunado — en la lista —

Carol. *(Suaviza.)* Síííí, pero — eso con las vacunas —

Liz. Fiebre amarilla, malaria, tifoidea. Hepatitis A. Hepatitis B. Tienes que estar vacunado contra todo —

Carol. *(Quiere relativizar un poco el peligro de contagio.)* Yaaa, pero —

Martin. Claro — hay que vacunarse, o se debería estar vacunado, especialmente los niños pequeños — lo hemos hecho nosotros mismos, cuando teníamos las vacunas, siempre y cuando — tuviéramos algunas — y que no se nos vencieran, porque no siempre podíamos mantenerlas frescas —

Carol. Sí, pero también depende de dónde y de cómo uno — a día de hoy yo no estoy vacunada contra la hepatitis B, creo — ¿o sí?

1.20.2

Frank. Ninguno de los dos se hizo examinar.

Pausa breve.

Ninguno de los dos se hizo los análisis de sangre.

1.20.3

Carol. Sí, pero también depende de dónde y de cómo uno — a día de hoy yo no he sido vacunada contra la hepatitis B, creo — ¿o sí? *(A Martin.)* ¿Has sido vacunado contra la hepatitis B? ¿Hemos sido vacunados contra la hepatitis?

Martin. No, los dos tienen razón, es correcto, hay que vacunarse, y a mí en aquella época casi me mata la vacuna contra la tifoidea, por lo menos así lo sentí —

Frank. Mmmm, conozco eso, les pasa a muchos, pero — ey — pero siempre es mejor que tener Tifoidea —

Pausa breve. Como broma:

¿Os pusieron en cuarentena? De hecho, deberías estar cuatro semanas en cuarentena.
Quién sabe, todo lo que habéis traído. Todo lo que arrastráis.

Se ríe de su propia fantasía.

1.21

LIZ. No tenían buen aspecto, morenitos, sí, pero cansados. O apesadumbrados. Ambos habían perdido peso. Sobre todo, él: casi como si tuviera alguna enfermedad.

1.22

FRANK. Deberíais estar cuatro semanas en cuarentena.
Quién sabe todo lo que habéis traído. Lo que arrastráis aquí.

Se ríe de su propia fantasía.

MARTIN. Es de locos — esa vacuna casi me mata, y resulta que no hubo ni un solo caso de tifoidea durante todo ese tiempo.

CAROL. Siempre lo digo: Todo esto es completamente — cada uno tiene su fijación — como si todo fuese tan terrible, como si solo, solo — ni un solo caso de tifoidea hubo en todo ese tiempo —

FRANK. Y aquí: nuestra Abeni quizás también está totalmente infectada, entonces: directamente a cuarentena —

LIZ. *(Juega con las muñecas.)*
PEGGY PICKIT. «Hola, hola, Abeni, ¿estás enferma? ¡Vamos directamente a cuarentena!».

Breve momento de silencio.

FRANK. *(Serio.)* ¿Cómo os sienta estar de vuelta en casa? —

1.23

MARTIN. Ambos estaban más gordos, habían ganado peso. No eran gordos, no estaban del todo deformados, más bien: hinchados. Y pálidos.

2.1

Breve momento de silencio.

FRANK. ¿Cómo estáis?, otra vez aquí —

Pausa.

¿Qué tal fue?
MARTIN. *(Ríe.)* Horroroso.
CAROL. *(Casi al mismo tiempo.)* Genial.
MARTIN. *(Ríe.)* Horroroso.

Ella le golpea cariñosamente.

¡Basta! ¡Basta!
MARTIN. *(Ríe.)* Horroroso, fue horroroso, qué si no —

Carol toma a Martin de la mano.

CAROL. Fue genial.

2.1.2

MARTIN. Todos ríen.
Y yo me sirvo otra copa.

2.1.3

CAROL. Fue genial.

Todos se ríen por las informaciones contradictorias.

MARTIN. *(De la mano con Carol.)* No, en realidad fue realmente bonito.

Martin se sirve otra copa.

CAROL. ¿O fue horroroso? Yo qué sé.

Ella sonríe. Suelta su mano.

2.2.1

FRANK. Él bebía más rápido que los demás, pero eso no era el problema, eso siempre había sido así.

2.2.2

LIZ. Él la había engañado con una de las enfermeras, eso se llegó a saber en algún momento, aquella noche, entre lágrimas, en la cocina, cuando tuvimos en la cocina un breve momento para nosotras, que éramos viejas amigas, y ella también le había traicionado a él, eso lo dijo él más tarde, con un colega, un médico de Montreal, Rob o

Pronuncia en francés.

Robert, que alguna vez había tenido también algo con la misma enfermera. Anteriormente. Con la enfermera, con la cual Martin tuvo algo. Posteriormente.

Pausa breve.

Básicamente, la relación estaba casi totalmente por los suelos.

Pausa breve.

FRANK. Una catástrofe total.

2.3

MARTIN. *(De la mano con Carol.)* No, en realidad fue muy bonito.

Martin se sirve algo más para beber.

CAROL. ¿U horroroso? Yo qué sé.

Ella sonríe. Suelta su mano.

Martin. Y bueno —

Carol. *(Sonriendo a Liz.)* Creo que fue bonito y horroroso. Al mismo tiempo. Simplemente es complicado. Las circunstancias fueron complicadas.

Sonriendo a Liz.

No habría sido nada para ti —

Liz. *(Protestando.)* Por qué — ¿por qué que no hubiera...? —

Carol. *(Como a sabiendas.)* No, solo así —

Liz. Por qué —
¿Por qué? —

Carol. Por los arácnidos.

Liz. Exxx. ¡Arácnidos!

Pausa breve.

¿Arañas muy grandes?

Carol. Si ya lo digo yo — no era necesariamente algo para ti, ¿no, Martín?

Martin. Grandes.

Pausa breve.

Realmente grandes.

Carol. *(Ríe.)* Grandes arañas.

Liz. *(Se estremece de solo imaginarlo.)* Exxxxx.

Carol imita con la mano el gatear de una araña muy grande, que se acerca a Liz y sube por ella. Liz chilla, pierde brevemente el control. Liz grita.

¡Para! ¡Para! ¡Para!

2.4

Martin. Un desastre.

Pausa breve.

Ella le dio una bofetada en la cara con la mano bien abierta, lo más fuerte que pudo.

Carol le da una bofetada a Liz en la cara.

2.5

Liz chilla, pierde brevemente el control.

Liz. *(Grita.)* ¡Para! ¡Para! ¡Para!

De repente, algo mareada, excitada, con una mezcla de fascinación y de asco.

Exxx — como en la película esa en la que se clava un compás en el oído, porque algún animal se había adentrado en su oído, una araña o un escarabajo o algo así, y ya no se lo puede sacar más del oído, y todo el rato escucha cómo la araña da vueltas en su cabeza, eso no lo olvidaré nunca, y entonces se clava con un compás en el oído, y en realidad solo quería encontrar la fuente del Nilo, o algo así.
Este es el único motivo, el único motivo por el que no podría ir allí, por las arañas, y por los —

Martin. *(Bebiendo alborozado.)* Las arañas, las serpientes, los mosquitos. Y otro tema bien bonito claro está es lo diversos que son los procesos de curación, realmente es así, como siempre se dice, te cortas en cualquier sitio y la herida no quiere y no quiere cerrarse, es de verdad desesperante —

Frank. Uhm.

Martin. No se cierra.

Pausa breve.

Carol. Cucarachas. Cucarachas —

Liz. *(Asqueada.)* ¿Cucarachas?

Martin. Ya he visto en realidad alguna que otra cucaracha, por ejemplo, en Brasil, pero esas —

Pausa breve.

esas eran realmente grandes. Así: indica una apertura de aproximadamente diez centímetros.
Grandes. Y gordas.

Indica una apertura de aproximadamente tres centímetros.

Liz. Aaaaah.

2.6

Frank. La así llamada «carta», esa, la tenía siempre en la mano.

Hace una mueca con la boca.

Y sobre la mesa estaban las dos figuras, las dos figuras de madera, Annie-Abeni y Peggy Pickit.

2.7

Martin indica una apertura de aproximadamente diez centímetros.

Martin. Grandes. Y gordas.

Señala una apertura de aproximadamente tres centímetros.

Liz. Aaaaah.

Examina la figura en la mesa.

Esto es madera, claro, alguien la talló, y mira qué tenemos aquí: Una cinta para el pelo azul, tiene una cinta para el pelo azul. Pero si tienes una preciosa cinta para el pelo, Annie-Abeni, ¿de dónde has sacado esto?, de verdad muy bonita —

Carol. ¿Qué es eso, eso que tienes ahí?

Liz. ¿Qué?

Carol. Ese papel que tienes ahí, ¿qué es, es una fotografía?

Liz. Esto — *(Ríe algo apenada, algo orgullosa.)* Esto es una carta.

Martin. ¿Una carta? ¿De quién?

Liz. *(Levemente enigmática.)* De Kathie —

Martin. De Kathie para vosotros. Qué simpática —

Liz. No, la carta no está dirigida a nosotros — la carta es para Annie —

2.8

Carol. Siempre tuvo la carta en la mano, y él — él hacía muecas con la boca, breves. A él le daba vergüenza. La carta de su hija. Todo el conjunto le daba vergüenza. La mujer le daba vergüenza. La criatura le daba vergüenza. La carta le daba vergüenza.

Pausa breve.

Realmente daba vergüenza.

Pausa breve.

Una vergüenza insoportable.

2.9

Liz. No, la carta no está dirigida a nosotros — la carta es para Annie —

Martin. ¡¿Para Annie?! Qué cariñosa — enseña, enseña —

Frank. No, quiero decir que, aparte de las arañas y de los mosquitos — dime, sinceramente — ¿cómo fue?
¿Cómo fue *realmente*?

2.10

Liz. Y luego resultó que Martín engañó a Carol con una chica de allí, con una enfermera, y que ella también lo engañó con un colega, con un médico de Montreal, Rob o

Pronunciación francesa.

Robert.

2.10.2

Carol. Y luego vino la muy tonta y dijo que estaba embarazada.

2.10.3

Martin. Ella le dio una bofetada.

Frank. Ella le da una bofetada.

Carol le da una bofetada a Liz en la cara. Pausa.

Martin. Y Liz devolvió la bofetada.

Frank. Y después de un momento de susto, Liz devuelve la bofetada.

Liz devuelve la bofetada.

Carol. No me hubiera imaginado que devolviera la bofetada.

Frank. Esa noche fue una catástrofe total.

2.11

Liz. No, la carta no está dirigida a nosotros — la carta es para Annie —

Martin. ¡¿Para Annie?! Qué cariñosa — enseña, enseña —

Frank. No, quiero decir que, aparte de las arañas y los mosquitos — dime, sinceramente — ¿Cómo fue? ¿Cómo fue realmente?

Carol. *(Piensa.)* Diferente. Diferente de lo que me imaginaba.

Ríe.

Bueno — una vez, volviendo de noche de la clínica — es decir, ahí donde vivíamos, abrí la puerta, ya era muy tarde, y estaba bastante agotada, esa noche había tenido una operación de siete horas, y la mujer se me había muerto, hice todo lo que pude, pero —

Martin piensa si debe tomarla de la mano.

En fin, regresé muy tarde en la noche, abrí la puerta y ahí estaba un mono sentado en nuestra mesa de la cocina —

Martin ríe, incrédulo.

MARTIN. Un mono en la mesa —

FRANK. *(Impresionado.)* Jesús —

CAROL. Sí, un babuino, parecía un babuino, y yo — y yo pensaba todo el rato, de dónde saldrá este mono, ¿cómo entró este mono?, por qué está sentado este mono sobre nuestra mesa —

Breve mirada a Martin.

No puedo recordar dónde estabas esa noche — ni idea — sí — y simplemente no supe qué hacer — frente a mí, en la mesa, el mono, que me mira en la oscuridad — y yo, yo — ya no me podía mover. No me animé ni a encender la luz —

FRANK. *(Fascinado y al mismo tiempo asqueado.)* Un babuino en la mesa de la cocina, por Dios —

Martin ríe.

CAROL. Y fue entonces cuando pillé que eso en realidad no era un babuino, en medio de la oscuridad pensé que se trataba de un mono, pero ahí no había para nada un mono, de ninguna manera, vamos, ningún mono, allí había solo un montón de cosas, que habíamos dejado la noche anterior en la mesa — como uno hace cuando está muy cansado de ordenar y dice: esto ya lo haré mañana — y a la mañana siguiente nadie se ocupa, porque el tiempo no da para más.

Pausa breve.

Y yo que pensé que ahí había un mono.

Martin resopla.

Estaba completamente segura.

Pausa breve.

Frank. Seis años. Wow. Creo que — deberíais haber regresado después de dos años. ¿No? Normalmente te devuelven después de dos años a casa.

Martin. Sí. Dos años. Cierto.

Frank. Pero vosotros —

Martin. Y bueno —

Frank. Vosotros — vosotros simplemente os quedasteis seis años. Digo, ¿cómo pasó?

Martin. Y bueno — yo diría que simplemente nos quedamos un poquito más. *(Ríe de forma rara.)* No sé. Aparentemente, nos gustó de verdad.

Bebe.

Frank. Ahá.

Pausa.

Frank espera una información más detallada, pero no se la dan.

Martin. *(Lanza una carcajada.)* Sí — y por lo demás, de hecho, era como en todas partes: fiebre amarilla, malaria. Hepatitis A. Hepatitis B, como ya dijimos. La lista entera. La puta mierda entera. Y naturalmente —

Gesto de desconcierto con las manos —

«La enfermedad de todos los malos espíritus».

Pausa breve.

Son muchos los que mueren.

Frank. Sí, bueno, claro. Digo, para eso estabais ahí — para eso os fuisteis.

Pausa breve.

Carol. Por eso no nos queríais visitar, admitidlo —

Liz. No —

Frank. Sí, claro — con el bebé, ya se sabe —

Liz. No —

Frank. No, claro, cómo se podría pensar que una criatura podría — y qué hubiera sacado el bebé con ello, y qué hubiéramos sacado nosotros con ello, es así, lo siento, pero así es —

Carol. *(Un poco demasiado alto, un poco demasiado vehemente.)* ¿Qué te crees, crees que allí no viven niños? —

2.12.1

Martin. Un poco demasiado fuerte, un poco demasiado vehemente. Quizás eso fue un poco demasiado fuerte.

2.12.2

Liz. Yo había hecho pan fresco, y algo de verduras, nada complicado, no tenía ganas de pasar mucho tiempo en la cocina.

Pausa breve.

Primero pensé que podría preparar algo africano, qué tontería, no habría sabido qué —
Sobre todo, no quería estar todo el rato en la cocina, mientras que los otros charlaban, entonces ya había tirado algo en la sartén, por la tarde. Cualquier cosa que también se pudiera comer fría. Apio, aceitunas, alcaparras, pasas de uva.

Pausa breve.

Una ensalada con parmesano y con champiñones. Y pan casero, fresco — así como un gesto, como para festejar la vuelta a casa. Algo bien sencillo.

2.13

Carol. *(Un poco demasiado fuerte, un poco demasiado vehemente.)* ¿Qué te crees, crees que allí no viven niños? —

Frank. No, no, naturalmente, perdona, por supuesto —

Pausa breve.

CAROL. Perdona — perdona —

FRANK. No, no, si tú tienes razón —

CAROL. De todos modos, estoy algo —

LIZ. Ningún problema, ningún problema.

FRANK. ¿Vino? ¿Algo más de vino?

MARTIN. Venga —

Pausa breve.

Delicioso.

Pausa breve.

Y Kathie va ahora a la escuela.

FRANK. Sí, ahora, después del verano irá a la escuela.

Pausa breve.

Pero ya lo sabe todo, es una niña lista, una *renacuaja* bien lista, ya sabe sumar y ya sabe escribir.

MARTIN. *(Bromeando y contento con su vaso en la mano.)* ¿Cómo? ¿Ya sabe escribir? ¿Y de dónde sabe eso? Vosotros tampoco es que seáis tan impresionantemente inteligentes —
(A Frank.) Tú todavía no sabes leer ni escribir bien.

CAROL. *(Amable, bromeando, quizás le golpee nuevamente.)* Idiota. ¡Qué idiota! Pero ¿esto que es? ¿No es suficiente con que yo me porte como el culo?, genial —

LIZ. Ella le ha escrito a Annie esta carta, os la tengo que leer, aquí, ella misma la escribió — con cinco, con cinco, digo,

Riendo.

a veces me da miedo.

FRANK. Ni idea de dónde, de mí precisamente no lo ha sacado, en eso tienen razón, en la escuela fui un completo fracaso, pero ella — no lo sé, ella sabe leer y escribir, así, sin más —

CAROL. Así, sin más —

LIZ. Esta es la carta, y también quiere enviarle su muñeca, su muñeca favorita, Peggy Pickit, esa no la conocéis, todavía no existía cuando os fuisteis, creo, fijaros — es increíble — toda de goma — esto lo tenéis que ver —

Con voz impostada, juega con ambas muñecas:

PEGGY PICKIT. «Hola, hola, Annie-Abeni, te he escrito una carta».

ANNIE-ABENI. «Tú me has escrito una carta — ¿y eso por qué?, ¿crees que me interesan tus cartas?, ¿qué hago yo con una carta?».

PEGGY PICKIT. «Bueno, leerla, idiota».

ANNIE-ABENI. «Pero de todos modos no entiendo tu idioma».

PEGGY PICKIT. «Entonces alguien tiene que TRA-DU-CÍR-TE-LA, imbécil».

2.14

MARTIN. Ella tuvo todo el rato esa carta en la mano.

Pausa breve.

Y a él le daba vergüenza.

Pausa breve.

Frank con su hija — y yo no creo, que él haya querido tener esa niña. Ella era quien quería tener a la niña. Y probablemente también la criara.
No creo que esa niña le haya interesado a él en modo alguno.

3.1

LIZ. Pensé que ibais a adoptar a la niña. A Annie. Que la ibais a traer. Estaba completamente segura de que la traeríais con vosotros.

Pausa breve.

Y más tarde me gritó. No puedes traer simplemente una criatura como si fuera — no puedes decir simplemente, esta es ahora mi hija, ¿cómo quieres cruzar la frontera con la criatura, sin pasaporte, sin? —

CAROL. *(Grita repentinamente.)* No puedes traer simplemente una criatura como si fuera — no puedes decir simplemente, esta es ahora mi hija, ¿cómo quieres cruzar la frontera con la criatura, sin pasaporte, sin? —

3.2

LIZ. *(Con voz impostada.)*

ANNIE-ABENI. «Me has escrito una carta — ¿y eso?, ¿crees que me interesan tus cartas?, ¿qué hago con la carta?».

PEGGY PICKIT. «Bueno, leerla, idiota».

ANNIE-ABENI. «Pero de todos modos no entiendo tu idioma».

PEGGY PICKIT. «Entonces alguien tiene que TRA-DU-CÍR-TE-LA, imbécil».

Pausa breve.

MARTIN. Annie siempre se alegraba de recibir vuestras cartas — de verdad, gracias por todo lo que nos habéis enviado —

LIZ. No, no, somos nosotros los que os damos las gracias por permitirnos ayudar.

FRANK. Por supuesto que nosotros seguimos enviando —

LIZ. *(Divertida por el repentino compromiso de su marido.)* «Nosotros», suena bien —

FRANK. *(Irritado.)* Tú, vale, tú —

LIZ. Ningún reproche — yo sé que tienes otras —

FRANK. Tú envías — yo no envío, pero, aun así, yo —

LIZ. Por supuesto, ahora nos tenéis que decir a quién mandarles las cosas, para estar seguros de que efectivamente lleguen a sus manos —

FRANK. *(Con buen humor.)* ¿Y ella cómo está? ¿Qué tal en la escuela?

3·3

CAROL. No se lo pude decir — no pude. *(Pausa breve.)* Yo la habría traído con nosotros, no hay nada que hubiera hecho con más gusto que eso — nada —

MARTIN. Tenía todo el rato esa carta en la mano y hablaba de su hija, hija, hija, la hija, la criatura genial —

3·4

FRANK. *(Con buen humor.)* ¿Y ella cómo está? ¿Qué tal en la escuela?

Liz juega con ambas muñecas.

PEGGY PICKIT. «¿Y? ¿Y qué tal?».

ANNIE-ABENI. «Bien, bien, gracias, y tú, ¿cómo estás?».

PEGGY PICKIT. «Oh, a mí me va superbién, hoy duermo en la casa de mi amiga Britt, y mi papá dice: Britt es de plástico, ja, ja, ja, y tampoco está muy seguro de que yo no lo sea también, pero, eh, a mí me parece que somos de sangre y huesos. ¿Y tú?».

ANNIE-ABENI. «¿Yo? Yo también soy de madera, a mí me ha tallado alguien».

PEGGY PICKIT. «No, nonono, tú tienes una cinta azul, no eres de madera, ¡tú también eres de sangre y hueso!».

3·5

FRANK. Lágrimas. Lágrimas de rabia. Tenía que haberlo visto. O más bien: lo vi — tendría que haberlo visto venir.

3·6

CAROL. Y entonces ella quiere leer la carta, realmente se pone a leer aquella mierda de carta.

3·7

Liz. *(Como Peggy Pickit.)* «Y tampoco está muy claro que yo lo sea, en realidad también soy de plástico, pero, eh, creo, que somos de carne y hueso. ¿Y tú?».

Annie-Abeni. «¿Yo? Yo soy de madera, a mí me ha tallado alguien».

Peggy Pickit. «No, nonono, tú tienes una cinta azul para el pelo, tú no eres de madera, ¡tú también eres de carne y hueso!».

Pausa breve. Ella deja las muñecas a un lado.

Quiero decir que ella escribió la carta, sola, digo, no es eso — no es eso — arrebatador, y luego empaquetó todos estos juguetes, porque se los quería enviar. Su preferida era — Peggy Pickit.

Carol. ¿Peggy Pickit?

Liz. Así es como se llama esto —

Carol sostiene la figura de plástico en la mano.

Liz. Y yo no hago más que decir todo el rato que eso es una tontería, porque Annie seguramente necesita otras cosas más que esta muñeca de plástico, y que ahora quizás ya no tenga más edad para estas cosas, pero ella la quiere enviar a toda costa — eso es arrebatador.

Carol. *(Intenta parar a la figura de plástico en la mesa, pero la figura cae.)* Oh —

Liz. Ella no se aguanta sola, mira, necesita un soporte de plástico para los pies —

Martin. *(La interrumpe.)* Pero por el momento no tenemos ningún contacto con ella —

Pausa breve.

Liz. *(Ríe incrédula.)* ¿Qué?

Pausa breve.

Martin. Nosotros, por el momento, no tenemos ningún contacto con Annie —

Pausa breve.

Liz. Ningún contacto — ¿por qué no?

Pausa breve.

Ningún contacto. Qué preocupante.

Martin. Sí, terrible.

Pausa breve.

Pero esas cosas pasan, simplemente no podemos contactar con nadie, pero eso no es motivo para preocuparse. Esas cosas pasan.

Por un momento, los cuatro están sentados en silencio y reflexionan.

No, de verdad, eso ocurre. Entendéis — eso no es un motivo para preocuparse, eso lo sabemos, nosotros a menudo estuvimos aislados durante estos seis años. Quizás por el clima. Por la lluvia.

3.8

Carol. Annie no era su nombre verdadero, ese no era en realidad su nombre, solo la llamábamos así —

Hace un gesto raro con los labios.

Ella no hablaba mucho. Hablar sabía, algunas veces, algunas veces decía algo, pero generalmente no hablaba.
No mayor de siete u ocho, calculo — no es fácil de calcular —
Estaba sola y no le iban bien las cosas, entonces nos ocupamos de ella y finalmente — parecía que ella no tenía a nadie, que no tenía dinero, tampoco de dónde, ninguna familia — así que finalmente se quedó con nosotros.
La acogimos, en realidad no solo nosotros, sino todo el equipo, todo el grupo, a pesar de que la central prohíbe estrictamente estas cosas, se aconseja que no se haga, pero ¿que podíamos hacer si no?, ella estaba enferma, necesitaba medicamentos, a diario, regularmente, de lo contrario no iba a sobrevivir ni medio año. O: a lo máximo, medio año.

Con los medicamentos mejoró, pero a la larga no la podíamos alimentar, todo cuesta dinero, no podíamos darle las cosas así tal cual, y no teníamos suficiente dinero, entonces escribimos a nuestros amigos, a Frank y a Liz, por ejemplo, y ellos se portaron tan bien, se hicieron cargo de todo: los costes para el suministro, y para la comida.

Llegó el dinero, y luego llegaron las cartas. Hola, Annie, ¿cómo estás? Hola, Annie, también tenemos una hija, Kathie, esperamos que la conozcas algún día. Hola, Annie, ¿sabes lo que le ocurrió a Kathie hoy?

Liz. Hola, Annie, ya sé que todavía tienes que aprender a leer y a escribir, pero ¿quizás tengas ganas de dibujarnos algo? Eso sería fantástico.

3·9

Martin. . Puede ser por el clima. Por la lluvia.

Pausa breve.

Liz. *(Con el vaso en la mano.)* De todas formas, bastante preocupante, ¿no?

Pausa breve. Ella decide cambiar de tema.

Estáis tan cambiados, tenéis otra mirada, parecéis personas que han visto algo —

Carol. No sé — ¿qué pinta tienen las personas que han visto algo?, ¿cómo son? —

Pausa breve.

Mucho, no hemos visto — Apenas salíamos de la zona. Allí tampoco puedes subirte simplemente al coche e irte de viaje a cualquier lado —

Liz. Pues sí, tenéis grabada en los ojos esa expresión de «allá lejos, bien lejos» —

MARTIN. Pero hemos vuelto —

LIZ. Pero la mirada —

CAROL. En fin —

LIZ. Sexi. Sí, sexi.

MARTIN. Gracias.

LIZ. De nada. Un placer. Ningún problema.

3.10

MARTIN. Yo siempre dije que no podíamos asumir esa responsabilidad. No es que domináramos la situación precisamente. En cualquier momento puede pasar algo. Y no debíamos comprometernos. De este modo, se crea dependencia. Por ambos lados.

3.11

LIZ. Sexi. Sí, sexi.

MARTIN. Gracias.

LIZ. De nada. Un placer. Ningún problema.

CAROL. Pero, como decíamos, tanto no hemos visto tampoco.

Pausa breve.

Hemos visto mucho menos de lo que se podría pensar —

Pausa breve. Ríe sobre su descubrimiento:

Hemos visto más durante el vuelo de regreso.

FRANK. Después de seis años —

CAROL. No nos movíamos mucho, al principio, sí, al principio lo hacíamos, pero después —

FRANK. *(Ríe.)* Eso es como en —

MARTIN. Nosotros simplemente —

FRANK. *(Ríe asombrado.)* En fin —

MARTIN. Nosotros simplemente no —

Martin se encoge de hombros.

No os lo podéis ni imaginar —

Pausa. De nuevo cambio de tema.

CAROL. Bonita casa.

LIZ. Tiene garaje. ¿Lo habéis visto? Tenemos un garaje.

Pausa breve.

Horroroso, ¿no?

MARTIN. ¿Por qué?

LIZ. Un garaje es lo último de lo último —

MARTIN. ¿Por qué? Mis padres tenían un garaje.

LIZ. Sí, exacto, los míos también, y ahora también tenemos uno, no os parece horroroso.

FRANK. No sabía que tenías algo en contra del garaje —

LIZ. Y en este garaje está el coche, allí se apilan cosas, las cubiertas de invierno, por ejemplo —

CAROL. Pero si es maravilloso, ya me gustaría a mí tener un garaje — digo, no tenemos ni casa —

Ríe.

Por el momento la casa ya sería suficiente para mí, ¿no?

LIZ. La tabla de surf de Frank también se guarda allí, nadie la usa ya, porque con esa tabla solo se puede hacer surf donde haya olas, y rompientes, pero donde hay rompientes es muy peligroso nadar para Kathie y por ello no podemos ir de vacaciones allí donde hay olas, y por eso hace cinco años que la tabla cuelga de la pared, ahí está, enterrada en vida: el garaje como mausoleo de la tabla de surf. Sí.

Y todos los días la mirada hacia la puerta del garaje, oh, Frank, ya ha vuelto, mira, ahí está el coche, o bien: oh, Frank, todavía no ha vuelto, el coche aún no está, siempre abriendo la puerta, cerrándola, digo, vosotros dedicáis vuestra vida a ayudar a otras personas, y nosotros abrimos y cerramos la puerta del garaje.

3.12

MARTIN. Es realmente así, como suele decirse, te cortas en alguna parte, y la herida no quiere y no quiere cerrarse, es de verdad desesperante —

3.13

LIZ. . Y todos los días la mirada en la puerta del garaje, oh, Frank ya ha vuelto, ahí está el coche, o, oh, Frank todavía no ha vuelto, el coche aún no está, siempre abriendo la puerta, cerrándola, digo, vosotros dedicáis vuestra vida a ayudar a otras personas, y nosotros abrimos y cerramos la puerta del garaje.

Pausa breve.

CAROL. A veces me pregunto si no habría sido mejor — si no habría sido mejor que nunca hubiéramos viajado a ese lugar.

Pausa breve.

LIZ. ¿Qué? Pero ¿por qué? — si lo habíamos hablado entre todos, ellos necesitan médicos, necesitan enfermeras y todos, todos se quedaron, como nosotros, igual que nosotros, vosotros fuisteis los únicos que no — eso es — eso es maravilloso —

CAROL. Sí, no sé, si lo encontrarías tan fantástico, cuando tú — digo, nosotros, o yo, no me importa si hablamos solo de mí, no tengo por qué hablar por los dos — estamos sin nada, nada de nada, sin casa, sin familia, en este momento no tengo ni trabajo — bien, todo eso puede cambiar, pero no sé qué hago aquí, tampoco entiendo qué ocurre aquí, he perdido todo contacto, tengo que recuperar los últimos cinco, seis años, y no tengo ni idea de cómo hacerlo, eso no es tan fácil, no lo lograré, — y ya no entiendo nada, y sinceramente me pregunto si todo esto valió la pena, si realmente todo esto tuvo algún valor —

LIZ. Pero, claro, si vosotros habéis —

CAROL. Claro, sí, ayudamos a las personas, o por lo menos lo intentamos, pero no por ello todos nos miran con amabilidad, ni todos te dicen gracias, gracias, eso tampoco es así, no se trata de eso, nosotros hemos ayudado a las personas, y luego ellos se matan entre sí, se incendian los unos a los otros, y también a nosotros casi nos matan. Claro, y entonces uno encuentra en alguna parte a un sabelotodo que dice que debemos largarnos con nuestros *jeeps*, con nuestros aparatos transmisores, que los problemas se agravarán precisamente porque estamos allí, ¿os podéis imaginar algo semejante?

Pausa breve.

Existen zonas en las cuales solo viven niños y ancianos.

Pausa breve.

LIZ. Y bueno —

CAROL. No, eso te lo tienes que imaginar — como si tuviéramos la culpa — nosotros —

FRANK. Claro —

LIZ. ¿Claro?

FRANK. Pero eso lo sabe cualquiera: solo es una enorme medida para abrir mercado laboral.

CAROL. ¿Cómo?

3.14.2

MARTIN. Esa opinión tampoco era tan original, no era la primera vez que oíamos eso. Eso ocurría con frecuencia.

3.14.3

FRANK. Eso lo sabe cualquiera: solo es una enorme medida para abrir mercado laboral.

CAROL. ¿Cómo? ¿Qué...?

MARTIN. Venga, venga, venga...

3.14.4

CAROL. Un tanto bebido, quizás — sí — pero solo lo justo —

3.14.5

MARTIN. Venga, venga, venga —

FRANK. . Eso se sabe, eso se sabe —

LIZ. ¿Qué se sabe? —

CAROL. No, no —

Martin ríe.

FRANK. Barrios enteros de socorristas y de voluntarios, y se acaban acostumbrando al estilo de vida —

CAROL. ¿A qué estilo de vida? — ¿A qué estilo de vida?

FRANK. Miran los coches —

CAROL. ¿Qué coches? —

FRANK. Los criados —

CAROL. ¿Qué criados? Dime, ¿estás bien? — ¿de qué hablas?

Martin bebe.

FRANK. Socorristas y voluntarios, de un buen humor excelente, pasando con sus criados el mejor tiempo de su vida, y siempre con dinero en el bolsillo, poder adquisitivo, poder adquisitivo,

CAROL. Dime —

FRANK. Y los otros —

LIZ. ¿De qué estás hablando? No tienes ni idea —

CAROL. ¡No tienes ni idea!

FRANK. Sobre eso se escribe constantemente — todos escriben sobre eso —

Liz. Y todavía si —

Frank. ¿Si qué?

Liz. Esos son rumores, para mí podrías decir eso, si estuvieras allí, o: si hubieras nacido allí —

Frank. Por qué — el nuevo colonialismo — empieza aquí —

Liz. Si hubieras nacido allí —

Frank. O algo parecido —

Carol. Chorradas, chorradas, menudas chorradas —

Frank. Bien, bien, no digo más nada —

Carol. Menudas chorradas —

Frank ríe.

¡Pues ya no hablo más!

Carol. Menudas chorradas —

3.15

Frank. Y luego resulta que él le fue infiel con una chica o con una enfermera — Y que ella lo engañó con un colega, un médico de Montreal. Rob. O:

Pronunciación francesa.

Robert.

3.16

Carol. Menudas chorradas —

Pausa breve. Todos se tranquilizan.

Liz. Estáis muy cambiados —

Carol está todavía con el tema anterior. Y, de repente, se pone furiosa.

CAROL. Aunque — claro — la mejor época de la vida — claro — la mejor época de la vida —

3.17

MARTIN. Fue un error ir allí.
Pero bueno: quién sabe qué habría sido de nosotros si nos hubiéramos quedado aquí.
No queríamos tener hijos, jamás, eso lo habíamos acordado, estaba claro que no. Pero bajo algunas circunstancias — quién sabe si —

Pausa breve.

Yo no estuve de acuerdo con acogerla.

3.18

Carol está todavía con el tema anterior. Y, de repente, se pone furiosa.

CAROL. Aunque — claro — la mejor época de la vida — claro — la mejor época de la vida —

Pausa breve.

De repente, le grita a Martin.

Tú tenías ese rollo con tu amiguita, con ella tenías que — ¿estás seguro de que no te contagió algo? — yo en tu lugar no estaría tan segura —

Pausa breve.

Y luego aparece la muy imbécil y va y dice que está embarazada. Y que la criatura es de él.

MARTIN. ¿Cómo que está embarazada?, ¿cómo que está embarazada?, ¿cómo pudo quedarse embarazada de mí? — Es imposible que se quedara embarazada de mí —

3.19

Frank. Y luego resulta que él le fue infiel con una chica o con una enfermera, eso no lo entendí muy bien, y que ella también lo engañó con otro médico, uno del Quebec, de Montreal, y que este médico Rob o Robert también tuvo algo con esa chica o enfermera. Antes.

Pausa breve.

Con la enfermera, con la que Martin después —

Pausa breve.

Y ahora nadie sabe, quién de quién — aunque, claro, quizás — y ninguno se hace mirar, ninguno analiza la sangre. Nadie lo quiere saber.

Pausa breve.

Una locura total.

4.1

Martin con un vaso en la mano. Un turista blanco, mochilero, conoce en Lagos a una muchacha, Adisa.

Liz. ¿Adisa?

Martin. Adisa. Él encuentra a Adisa increíblemente bella, la encuentra tan hermosa que se queda sin aire, que se queda sin palabras, perplejo. Tiene la sensación de que están destinados el uno al otro, e intenta conversar con ella, intenta hacerla reír, la invita a comer, le hace un regalo, intenta todo lo que puede, pero ella dice: «¿Qué te ocurre, calabaza?», ella lo llama calabaza porque tiene una terrible quemadura de sol, «dime, ¿qué es lo que quieres de mí?».

Carol. «Qué te ocurre, dime, calabaza, dime, ¿qué quieres realmente de mí? Pareces una calabaza, ¿no lo sabías?».

Martin. Y él le dice: «Adisa, estamos destinados el uno al otro, tú eres para mí como una visión, eres la criatura más hermosa que alguna vez haya visto». Y ella le dice: «Basta, basta, calabaza».

Liz. «Basta, basta, calabaza».

Martin. Y además le dice: «¿No ves lo que ocurre?». «¿Por qué?, ¿qué ocurre?, ¿qué está pasando?». «Mira aquí, fíjate en mi lengua, estoy enferma, estoy bien enferma, y voy a morir, y mi madre también, y mi hermana, y mi hermano también, porque no tenemos dinero como para ir al médico, y aparte de eso no hay bastantes médicos, ni camas ni enfermeras ni hospitales, y también nos hacen falta medicamentos, pero sobre todo el problema es que se están poniendo enfermas cada vez más personas, porque simplemente no tienen idea de lo que ocurre aquí, y nadie comprende cuántas personas morirán aquí si esto sigue así».

Pausa breve.

Y entonces el mochilero hace algo. Se compra un *ticket* de avión y vuela a Nueva York, y allí se para en la calle y le habla a la gente, y cada vez más y más gente, y les dice lo que vio, y les cuenta acerca de Adisa y de lo que le pasa, y de lo que le pasa a la hermana y a su madre y a su hermano, de que necesitan ayuda, de que algo hay que hacer, y cada vez más personas le prestan atención, al principio son unos pocos, luego cientos, luego miles, después, más todavía, hasta que, finalmente, finalmente habla frente a todos los presidentes del mundo y les dice:
«Algo hay que hacer. Hay que ayudar. Y ahora mismo» —

Pausa breve.

Y entonces ocurre algo grandioso. Lo que ocurre es tan grande, tan hermoso y tan significativo para toda la humanidad — como por ejemplo la invención del caminar erguido, o cómo el descubrimiento de que la tierra no es plana, o la revolución francesa o la abolición de la esclavitud —
Ocurre algo para toda la humanidad, algo tan grandioso como el descubrimiento de la penicilina o el desarrollo de los rayos X o la liberación de Auschwitz o la invención de la bombilla de luz o del telégrafo:
Las cosas empiezan a cambiar, para Adisa y para todos los demás, se construyen hospitales, llegan médicos, y llegan medicamentos,

y además a toneladas, y se organizan escuelas gratuitas en las que los niños no solo aprenden a escribir y a leer, sino también qué hay que hacer para no enfermar, ¿y qué ocurre luego? Entonces ocurre un milagro que han logrado todos los pueblos del mundo juntos. La gente deja de morir. De golpe, los enfermos se recuperan. Personas que creían que no vivirían más allá del próximo domingo se levantan y empiezan a trabajar.

Pausa breve.

Toma un trago. Y el hombre, la calabaza, que vuelve a tener una insolación terrible, regresa, está un poco más viejo, pero por lo demás tiene buen aspecto, de hecho, está estupendo, y se encuentra con Adisa, que todavía tose un poco, pero que por lo demás está mucho mejor que antes, y ella le dice:
«Dime, calabaza: ¿has salvado el mundo solo para impresionarme? Esto no puede ser: por favor, no me digas que has salvado al mundo solo para impresionarme».

Liz ríe, y Frank y Carol también.

Liz. Y él responde: «Sí, claro que sí, por supuesto, Adisa. Tú eres la mujer más bella del mundo». Y ella le dice: «Ha sido un bonito gesto de tu parte, realmente muy amoroso, y yo no quiero parecer desagradecida, pero, sinceramente lo nuestro no será posible, ya tengo a otro hombre». Y él: «¿Cómo? ¿No tengo ninguna oportunidad contigo? Por favor, permíteme caminar solo unos metros de la mano contigo» — «No, eso no tiene sentido», dice ella. Y él: «¿De verdad que no tengo la más mínima oportunidad?». Y ella dice: «Lo siento, pero así están las cosas, sí, así es como están. Hasta la vista, muchas gracias y mucha suerte».

Sonrisa.

5.1

Frank. Y luego resulta que Carol también le fue infiel con un colega, con otro médico de Quebec, de Montreal, y que este médico, Rob o Robert, también tuvo algo con la chica o enfermera. Anteriormente.

Pausa breve.

Con la enfermera, con la que Martin más tarde —
Y ahora nadie sabe quién de quién — quizás — y ninguno se hace análisis de sangre.
Nadie lo quiere saber.

Pausa breve.

Una locura total.

5.2

Carol le grita repentinamente a Martin.

Carol. Tú tenías ese rollo con tu amiguita, con ella tenías que — ¿estás seguro de que no te contagió algo? — porque yo en tu lugar tan segura no estaría —

Pausa breve.

Y luego aparece la muy imbécil y va y dice que está embarazada. Y que la criatura es de él.

Martin. ¿Cómo que está embarazada?, ¿cómo que está embarazada?, ¿cómo va a a estar embarazada de mí? — ¡No puede estar embarazada de mí de ninguna manera! Todo esto es irracional. Digo, la pregunta no es si tuve algo con ella, que no lo tuve, yo no tuve nada con ella, sino la pregunta es más bien: ¿quién no tuvo algo con ella?, con ella todos tuvieron en algún momento algo, todos, salvo yo, Rob, sin ir más lejos.

Imitándola, finge asombro.

¿Cómo, Rob?.
Sí, Rob — tu Rob.
El de «Montreal».
¿Rob? ¿Cuándo?
Pues antes de que tú y él —

Pero si yo no tuve nada con Rob — Sí, claro, si yo lo vi, lo vi. Y antes de que tú y él — él tuvo algo con ella y, quién sabe, quizás fue él quien se contagió con ella —
Y tú de él —
Y yo de ti —
Eso es muy rápido, la cosa va rápido — y es bien sencillo... ¡vete tú a saber!

5·3

CAROL. Me habría gustado tener hijos. Pero, cuando lo comprendí, ya era tarde. Ahora es tarde.
O: quizás todavía no sea tan tarde. Pero ya no es posible, ahora ya no tiene sentido. Se acabó.

5·4

MARTIN. Va rápido eso, la cosa va rápido — y es bien sencillo — ¡vete tú a saber!

Larga pausa. Frank carraspea, sirve más vino.

5·5

LIZ. Primero pensé en cocinar algo africano, qué tontería, a decir verdad, tampoco sabría qué cocinar —
Sobre todo, no quería pasarme el día en la cocina, mientras los otros charlaban. Y por la tarde tiré algo a la sartén. Cualquier cosa que también se pudiera comer fría. Apio, aceitunas, alcaparras, uvas pasas. Piñones.

Pausa breve.

Berenjenas, por supuesto. Lo había olvidado, estas se cortan en dados, luego se salan, se dejan macerar unas horas, después se lavan, se secan y, finalmente, se fríen. Luego se retiran las berenjenas en dados de la sartén, se limpia la sartén y se preparan las demás verduras, hasta que el apio esté bien. Y entonces se le agregan nuevamente las berenjenas. Se le agrega vinagre. Esperar que el vinagre se haya evaporado. Sal y pimienta.

Pausa breve.

Una ensalada de champiñones y parmesano.

Pausa breve.

Pan fresco. Así como un gesto hacia los demás.

Pausa breve.

Olía la mar de bien.

Pausa breve.

Todas esas cosas también se pueden comer frías.

5.6

Martin. Va rápido, la cosa va rápido — y es bien sencillo — ¡vete tú a saber!

Pausa larga. Frank carraspea, invita a más vino.

Frank. Por cierto, esto lo quería preguntar de todos modos —

Pausa breve.

Aunque de momento — ya no haya contacto — cómo va el tema del dinero, quiero decir, ¿seguimos enviándolo o...?

Pausa breve.

Quiero decir, que estéis aquí tampoco cambia nada — en cualquier caso, nosotros le seguimos enviando cosas, aquí están, por ejemplo, la carta de Kathie y la muñeca Peggy Pickit.

Liz. Vosotros no la conocéis, la han sacado hace poco, una locura total, mirad, son figuras pequeñas, y la ropita es de plástico o de látex, es de locos, y todo lo que se pueda hacer con ello —

Martin. Bueno pues — por ahora — por ahora yo no enviaría nada —

Frank. ¿Por qué?

Martin. No deberían enviar nada por ahora, tampoco llegaría a destino — por ahora no —

Frank. ¿Por qué no? —

Martin. Porque —

Liz. Hasta ahora todo llegaba, ¿no? Las cosas iban llegando, ¿o no?, las cartas —

Martin. Sí, pero por ahora — ahora, ya no hay nadie, que — creemos.

Liz. ¿Allí no hay nadie? Pero alguien habrá —

Martin. Temporalmente. Sí, suponemos. Quizás sí.

Liz. ¿Cómo?

Pausa breve.

¿Y Annie?

Martin. Ya no era posible, se había llegado a — era muy peligroso.

Pausa breve.

Ya no era posible. Tampoco no venía nadie más, nadie podía llegar, las calles se volvieron muy inseguras —

Pausa breve.

Pensé que lo sabíais.

Frank. No —

Liz. ¿Y ahora?

Carol. ¿Ahora qué?

Liz. ¿Qué pasará ahora? —

Carol. No lo sé. No lo sé. No podemos comunicarnos con nadie.

Martin. Puede ser que algunas enfermeras retomaran el suministro —

Carol ríe.

Carol. No creo que eso sea posible. Puede ser que todo haya sido desmantelado.

Frank. ¿Cómo? — eso se tiene que —

Liz. Pero eso no se hace —

Carol. Ya lo sé —

Liz. La gente debe ser atendida —

Carol. Sí —

Liz. Si dejan de tener acceso a sus medicamentos, entonces todo el tratamiento —

Carol. Ya lo sé —

Pausa breve.

No pudimos hacer nada, teníamos que irnos —

Liz. Pero — la gente —

Carol. Ellos estaban a punto de, los unos a los otros, a punto de —

Liz. Oh, Dios.

Silencio.

¿Y Annie?

Carol se encoge de hombros.

Liz. ¿Qué significa esto? ¿Qué significa esto?

Pausa breve.

Liz. ¿Por qué simplemente no la trajisteis? No deberíais haberla dejado ahí —

5·7

Martin. Es realmente tal como dicen, te cortas en algún lado, y la herida no quiere y no quiere cerrarse, es de verdad desesperante —

5.8.1

LIZ. ¿Por qué simplemente no la trajisteis? No deberíais haberla dejado ahí —

MARTIN. Pero ¿te crees que es tan fácil? —

LIZ. Pero no podéis dejarla sola, la habéis abandonado a su suerte, pero ¿qué será ahora de ella? —

CAROL. Ella no estaba, ese día, cuando nosotros — quizás había alguien por ahí, en alguna parte, una abuela, una tía, ni idea, siempre es posible que aparezca algún pariente —

LIZ. Entiendo, pensé que ella no tenía a nadie — ¿de qué parientes me estás hablando, ahí ya no había nadie, eso lo dijiste tú mismo, solo niños y ancianos, ella estaba completamente sola —

CAROL. No puedes coger y llevarte a una niña como si nada, ¿cómo? — no puedes simplemente decir ahora ella es mi hija, ¿cómo quieres cruzar la frontera con la criatura, sin pasaporte, sin? —

Pausa breve.

Liz lee la carta en voz alta.

«Querida Annie, estoy bien. ¿Cómo estás tú?».

Pausa breve. Lucha consigo misma.

«Estoy bien. ¿Cómo estás tú?».

No puede seguir leyendo. Tira la carta frente a sí sobre la mesa de estar.

¿Qué le digo ahora? ¿Qué le digo ahora?

CAROL. ¿A quién?

LIZ. A Kathie.

Pausa breve.

LIZ. ¿Y qué hacemos ahora con esto?

Aún tiene la carta en la mano. Delante de ella están las dos figuras.

¿Qué hacemos ahora con esto?

Carol. Ni idea.

Liz. Algo tengo que hacer con esto. No le puedo devolver estas muñecas a Kathie. ¿No?

Se exaspera cada vez más.

¿Las tiro? No puedo tirarlas así porque sí —

Frank. Esperemos unos días —

Liz. ¿Para qué esperar?, ¿qué es lo que queda esperar? No creo que siga con vida — pero a cada uno le gusta hacerse ilusiones.

Pausa.

5.8.2

Frank. Ey, después de años mandé reparar mi viejo tocadiscos. No sé, creo que estuvo destartalado como diez o quince años.
Me quedé de piedra cuando vi que el aparato volvía a funcionar.

Sacude la cabeza.

Creo que este disco ya lo tenían mis padres.

Pone un disco viejo, probablemente algo viejo de los Beach Boys. También se podría pensar en algo de los movimientos ciudadanos como una canción de Pete Seeger («We Shall Overcome») de una grabación en vivo en Carnegie-Hall.

Frank, Liz, Martin y Carol, sentados en silencio, beben, quizás fuman y escuchan la canción.

5.8.3

Liz. *(Bastante exasperada.)* A todo el mundo le gusta hacerse ilusiones.

Pausa breve.

No hace falta que me toméis por tarada — solo porque estoy aquí sentada, aquí, con la carta y una muñeca de mi hija. No se puede esperar nada, eso lo sabemos todos aquí, si Annie no es atendida, si no es atendida regularmente, de eso se trataba, de eso se trataba, ¿no?, si nadie se ocupa de ella, entonces no tiene ninguna oportunidad, ni la más mínima oportunidad, entonces la palma — y nosotros lo aceptamos simplemente así, porque supuestamente no está en nuestro poder cambiarlo, digo, aunque ella — quién sabe — aunque esté con vida, de hecho ella ya está muerta, muerta, eso creo que está claro, eso lo sabéis tan bien como yo, todos aquí lo sabéis tan bien como yo —

Estruja la carta, hace pedazos la muñeca de madera y la figura Peggy Pickit, y tira ambas muñecas a la esquina.

Breve momento de suspensión.

Carol le pega a Liz una bofetada con la mano abierta en la cara. Liz le pega a Carol una bofetada igualmente dura en la cara.

5.9

MARTIN. Estaba tan contenta. Incluso lloré por el reencuentro. Había perdido realmente — la serenidad. Estaba completamente exaltada, hablaba demasiado, y en realidad era tan graciosa, no decía más que chorradas, chorradas exaltadas, solo por decir algo, y eso lo sabía, y también lo decía, realmente se comportaba como siempre — como antes.

5.10

Carol le pega a Liz una bofetada con la mano abierta en la cara. Liz le pega a Carol una bofetada de igualmente dura en la cara.

5.11

CAROL. Ella había dicho que no quería pasarse el tiempo en la cocina, así que tiró cualquier cosa a la sartén. Cualquier cosa que también se pudiera comer fría. Berenjenas, apio, aceitunas, alcaparras, pasas.

Pausa breve.

Piñones.

Pausa breve.

Una ensalada de champiñones y de parmesano. Pan fresco. Ella misma había horneado el pan.

Pausa breve.

Olía la mar de bien.

5.12

Carol le pega a Liz con la mano abierta en la cara. Liz le pega a Carol una bofetada igualmente dura en la cara. Nadie dice nada. Después de un tiempo:

CAROL. Lo siento.

Pausa breve.

Lo siento mucho.
Te pido disculpas.

Pausa breve.

LIZ. No, soy yo quien lo siente, discúlpame. Discúlpame.

Ambas mujeres se miran y se abrazan.

LIZ. Lo siento tanto.

CAROL. No, soy yo quien lo siente, realmente, no debería haber hecho esto, perdóname.

Se abrazan y lloran.

FRANK. ¿Quieres tomar algo más?

MARTIN. Sí, gracias.

Llena la copa de Martin. Espera a que las dos mujeres se separen, cosa que no hacen. Después de un rato:

FRANK. ¿Y para vosotros? ¿Algo más de beber?

Liz asiente llorosa.

FRANK. *(A Carol.)* ¿Para ti también?
CAROL. Sí, sí, por favor.

Liz casi tiene que reír.

Terrible, soy terrible.

Llora de nuevo.

Lo siento. Lo siento.

Las dos mujeres se separan finalmente.

FRANK. *(Intenta ser gracioso.)* Ey — ¡Hombre, hombre!

Espera una reacción, que no llega.

Hombre, hombre, hombre —
¿No es cierto? ¡Qué locura! — y todo por —

Pausa breve.

LIZ. *(Extremadamente irritada.)* No intentes hacerte el gracioso ahora. No intentes mejorar el ambiente.

5.13

CAROL. Olía la mar de bien.

5.14

LIZ. *(Extremadamente irritada.)* No intentes hacerte el gracioso ahora. No intentes mejorar el ambiente.

FRANK. Ey — un momento —

LIZ. ¡Tú no entiendes nada de lo que está pasando aquí!

FRANK. No hace falta que me grites, no te he hecho nada —

LIZ. ¡Como máximo tú aquí solo estás presente físicamente!

FRANK. Y eso qué significa — ¿qué significa esto ahora?

LIZ. No tienes la más mínima idea —

FRANK. ¿Puedes...? —

LIZ. No tienes la más mínima —

FRANK. ¿Puedes parar de gritarme? —

LIZ. No tienes ni la menor idea de qué va todo esto.

FRANK. ¿No?

LIZ. Tú no lo entiendes o, si lo entiendes, entonces no te alcanza, entiendes, entiendes, no te alcanza, tus pensamientos nunca terminan de formarse, lo sabes, pero no te interesa para nada, en el fondo todo esto no te interesa, siempre quieres ser gracioso, ¿entiendes?, ¿no entiendes?

Grita todo lo que puede, quiere grabárselo en su cerebro:

La criatura —

Pausa breve.

Annie —

Pausa breve. Sigue gritando todo lo que se puede:

La criatura está — ¡PERDIDA!

Pausa breve.

¡SE FUE!

Pausa breve.

¡PERDIDA!

5.15

Carol. Realmente una idea bonita: pan fresco, hecho en casa. Tan simple. Olía la mar de bien. Ya lo notamos nada más entrar en la casa.

Pausa breve.

Me contó cómo se hace. Pues es bien fácil: 500 gramos de harina, 300 mililitros de agua, medio dado de levadura, una o dos cucharaditas de sal. Se prepara la masa, se la deja reposar algunas horas, lo ideal: ocho horas en la heladera, y luego se pone en el horno previamente calentado a más o menos 240 grados durante 20 minutos.

5.16

Liz. Eso tú no lo entiendes o, si lo entiendes, entonces no te alcanza, ¿entiendes?, ¿entiendes?, eso no te alcanza, tus pensamientos no acaban de formularse, lo sabes, pero eso no te interesa para nada, todo esto no te interesa, siempre quieres hacerte el gracioso, ¿entiendes? ¿no lo entiendes?

Grita todo lo que puede, ella quiere grabárselo en su cerebro:

La criatura —

Pausa breve.

Annie —

Pausa breve. Sigue gritando todo lo que se puede:

La criatura está — ¡Perdida!

Pausa breve.

¡PER — DI — DA!

Carol se levanta y trae las dos muñecas tiradas, Anni-Abeni y Peggy Pickit. Intenta reparar las figuras maltrechas. Para ello, busca algo en cualquier cajón de esta casa que no conoce y finalmente encuentra cinta adhesiva transparente. Ambas mujeres reparan con la cinta adhesiva las muñecas rotas y la carta rasgada y arrugada.

Puede tomar un tiempo.

FRANK. No hace falta que me grites.

Pausa breve.

No he hecho nada.

Pausa breve.

No tengo nada que ver con todo esto — no es mi culpa.

Pausa breve.

Yo no tengo la culpa de lo que ha pasado, nadie tiene la culpa — no fue mi error.

El ruido al rasgar la cinta adhesiva. El alisado del papel. Los hombres observan en silencio y beben. Al final, terminan. Peggy Pickit, la figura de madera y la carta remendada están nuevamente sobre la mesa.

Oscurece lentamente.

FIN

El gran fuego

Das große Feuer

El gran fuego se estrenó en 2017 en el Nationaltheater Mannheim.

I.1

Un día de primavera,
un hermoso día de primavera,
un día sin nubes,
en mayo.

Alto se curva el cielo,
infinito,
sin frontera alguna, ancho y azul,
y brillante,

y bien bien arriba
pájaros trazan en el cielo
una línea recta,

de allí para allá,
que continúa,
continúa,
continúa siempre —

un chico alborotado,
no tendrá seis años,
corre bajo el sol de mayo
por un camino campo abajo,
saluda a los pájaros,
bien arriba en el aire,
con un pañuelo,

¿de dónde venís?,
¿a dónde voláis?

¿De dónde venís?,
¿a dónde voláis?,
llevadme con vosotros —

El chico
y el camino del campo
y el sol —

suaves oleajes
de colinas,
campos de trigo,
altos chopos aislados aquí y allá
en la lejanía —

bajo el ancho
cielo azul,
sin nubes —

Campos, terrenos,
prados y pastos,
ratones de campo, grillos,
golondrinas, mariposas, caracoles,
escarabajos y zorros,
conejos y mosquitos
y mirlos y gorriones y cuervos,

el chico,
saludando,
y un arroyo —

un arroyo

que fluye por la vaguada,
entre suaves colinas,

la clara, fresca agua de primavera centelleando,
peces
cazando veloces como flechas arroyo abajo,
sus escamas refulgiendo a la luz del sol,

es mayo,
la mejor época del año,
esa es mayo.

(Canción: La mejor época del año, esa es mayo.)

A ambos lados del arroyo,
las colinas y los campos,
a un lado del arroyo
crecen vides,
donde hay un bosquecillo,

al otro lado del arroyo,
pastan vacas, caballos, ovejas.

Gorjeo de pájaros
por todas partes,

el chico
saluda,

tras los meses fxs,
tras el áspero invierno
y tras marzo, tan rudo,
y tras abril, demasiado jovial,
ha vuelto ahora el verde,
la vida,

han vuelto los pájaros,
la luz,
el sol,

el sol,
que compite, plateado,
a nado con los peces,

mientras el chico,
no tendrá seis años,

a un lado
corre a lo largo del camino del agua,
saluda,
llama y sigue a los peces
y al sol,
esperad, esperad —

el sol,
que revienta
en las olas
del raudo arroyo,

y, con todo,
sigue siendo un todo,

hasta que la luz en el agua,
algo más abajo camino del arroyo,
a la sombra de un puente,
se pierde por un momento
para salir de nuevo a relucir,
para continuar con el viaje
entre pastos y colinas de vides
y prados y campos
bajo el Gran Cielo Mayo.

Esperad, esperad —

(El niño tropieza e, infelizmente, cae.)

I.2

El puente,
bajo cuya sombra
sol y peces
a lo largo de su viaje por un momento desaparecen,
es un puente de madera,
estrecho, modesto,
un puente estrecho,

estrecho,
pero lo bastante ancho como para que quepa un coche,
cuyo recorrido
va de un lado del arroyo
al otro.

¿Qué carga lleva consigo,
en esta época del año,

quién lo conduce,
y hacia dónde conduce?

A ambos lados
del puente del arroyo viven personas,
ahí hay patios, casas de campo,
graneros, verjas, establos,
cuadras, granjas,
algunas de techumbre roja
y otras de entramado,
leñeras y jardines y cercas,
árboles frutales y tilos y robles,
en medio, caminos, un par de calles
asfaltadas,
un panadero y una herrería,
una alfarería
y una carpintería,
una modesta sastrería,
una fábrica de tejas y un molino,

dos son los pueblos que reposan en el valle,
frotándose,
apretados,
como gemelos en la barriga de la madre,

si bien a cada lado del arroyo,
cada uno de los dos pueblos
tiene su propia plaza del pueblo
y su propia asta de bandera al sol

e incluso su propia iglesia,
un estanque propio y un pozo propio
y esto es especialmente importante:
una taberna propia,
el «Buey Rojo» aquí
y allá el «Racimo Negro».

Gemelos son los dos pueblos
como las dos orillas del arroyo
que los separa,

y gemelos,
según se dice,
fueron antaño los dos hermanos,
las primeras personas
que aquí se asentaron,

que construyeron aquí sus casas,
una a cada lado del arroyo,
enfrentadas,
separadas por el arroyo,
unidas por el puente,

pero cada niño,
también sin puente alguno,
se plantaba de un salto al otro lado,

y niños hay muchos aquí,
juegan en el agua,
ponen a nadar palitos,
balsas de hierba y barcos de papel
y saltan de un lado a otro,
de aquí para allá,
y de allá para acá.

(Campanada.)

I.3

Una campana sola
da la hora

(Campanada.)

y una segunda campana responde
del otro lado del arroyo,

(La otra campanada.)

primero suena una campana,
luego la otra

(Repetición de las campanadas con retardo.)

como si se tratara de dos horas diversas,
que ahí suenan,
como si a la vez
pudiera haber dos tiempos,

(Las dos campanadas con retardo.)

dos tiempos a la vez,
¿puede ser?
No, no puede,
dos tiempos a la vez,
totalmente imposible —

mientras que, en un lugar cualquiera,
un poco por encima del arroyo,
en un punto
no visible
desde el puente,
y en donde tampoco juegan niños,
el tiempo

detenido,

tic-tac
tic-tac
tic
tac

tic-

y aquí,
en este apartado punto sin tiempo,
se encuentran
una mujer joven
y un hombre joven,

los dos
caminan junto al agua,
cada uno por su lado,
ella a la izquierda, él a la derecha,

¿qué pasaría?,
dice él, el hombre joven,
quizás unos veinte años,

¿qué pasaría
si cruzaras
hacia mí?,

entonces podríamos
caminar juntos por el camino,

¿Yo?, dice ella,
la mujer joven,
quizás unos diez y ocho,
o algo más,
¿yo?,
¿cruzar el arroyo con esta falda?
Me puedo mojar,
¡ven tú!

¿Yo?, dice él,
¿y qué pasa si resbalo?,

el arroyo es demasiado hondo,
me ahogaría
en tu imagen en el agua,

así siguen caminando,
cada uno por su lado,

ella por el suyo,
él por el suyo,

ven, va,
ven tú,
no, tú,
no, tú,

hasta que ambos,
la mujer joven y el hombre joven,
acaban por alcanzar un sauce
que se inclina sobre el agua,
como si el árbol quisiera
coger al arroyo en sus brazos —

(Algo de música, quizás.)

Se dice que,
ahí, con vosotros,
en vuestro lado
se atrasan los relojes,
dice ella,

después,
la mujer joven y el hombre joven
están ahí tumbados,
bajo el árbol,
y se cogen de la mano,

pero a mí me parece más bien,
dice ella,
que el tiempo arde con vosotros,
tan deprisa va todo.

Un tiempo ardiente,
dice él, un tiempo ardiente
puede ser apagado,
y se inclina sobre ella —

Enamoramiento,
risas,
ternura

bajo el árbol,

(Campanadas.)

una campana suena,
la otra responde,

dos tiempos a la vez,
¿puede ser?
No, no puede,
dice el relojero,
poner orden a todo esto,

¡nuestro reloj funciona bien!,
dice uno de los dos curas,
es gordo y redondo
como un tonel,

¡no, el nuestro!, nuestro reloj
da la hora correcta,
dice entonces el cura del otro lado,
que es tan delgado,
tan escuálido como un torzal,

oh, dice el profesor,
¿quién sabe?,
quizás haya campanadas tan dispares
como iglesias,

imposible, dice el relojero,
el tiempo es el tiempo,

y entonces brindan
con las jarras llenas.

(Brindan.)

Dos tiempos a la vez,
no puede ser,

y en cambio es,

y de hecho, ¿quién
inventó el tiempo?,
le pregunta el picapedrero al carpintero,
¿a quién le importa en realidad
el tiempo?
Se frotan manos,
alegría, eso es una pelea,
que todos aquí
llevan a cabo todos los domingos,
con pasión y con entusiasmo,
en la taberna, el domingo al mediodía,
el relojero y el profesor,
el doctor y el herrero,
el cura gordo y el cura delgado
y los sacristanes,
los campesinos,
campesinas,
criadas, mozos,
aprendices, sirvientas,
el picapedrero y el carpintero y el ceramista,
el panadero y la panadera, el zapatero
y el curtidor y el sastre
y la sastra,
el ladrillero y el molinero gordo
y la molinera,
aquí se pelea
a gusto,
en la larga mesa de la taberna,

en el «Buey Rojo»,
del lado derecho
del arroyo,
o en el «Racimo Negro»,
allí, del lado izquierdo
del arroyo,
todo esto se alterna
cada semana de aquí para allá,
se pelea y se ríe,
ahora aquí, ahora allá,
se brinda,
la mesera llega con las copas llenas,
y desde la cocina
el mesero, gritando, se entremete:
¡solo de tiempo
nadie se sacia!

Aquí está sentado el rico ganadero,
y enfrente está sentado el viticultor,
a uno le pertenecen vacas,
caballos, ovejas y cerdos,

al otro le pertenece la vid,
que crece sobre los montes
del otro lado del arroyo,

ambos son amigos
desde la infancia,
y los perros de ambos
están sentados bajo la mesa,
a sus pies,
se trata de un pastor alemán
y de un dóberman,

sobre la mesa se arma una fuerte algarabía,
se ríe, se mofa,
se resopla y se grita,

bajo la mesa,
de repente, los dos perros,
enloquecidos por el griterío,
se abalanzan el uno sobre el otro,
en medio de la taberna,

(Órdenes vanas de los propietarios de los perros:)

¿vas a venir?,
ven aquí,
los perros se cazan por el comedor,
por el local,

(Órdenes vanas de los propietarios de los perros:)

¿vas a venir?,
ven aquí,

se caen sillas,
se caen copas y botellas,
añicos,
cerveza y vino sobre las chaquetas,
sobre las camisas,
¡maldita sea!,

y entonces
salta el perro del viticultor
por la ventana abierta,
y el perro del ganadero
detrás,

fuera, delante del «Buey Rojo»
una bandada de gansos
que se dispersan,
y justo cuatro hombres cargan
un barril de madera grande, lleno,
un barril de vino
del coche,
del mismo coche

que vino por encima del puente,
por encima del arroyo,

un barril de roble, pesado, enorme,
y los gansos,
y los perros
les corren a los hombres entre las piernas,
que se tambalean, que tropiezan,

y el barril
se resbala de sus manos,
cae,
revienta,

el barril perdido,
el vino perdido,

de esto
tiene la culpa el maldito chucho,
grita el viticultor,
¿por qué el mío?, grita el otro,
si fue tu propio tuso el que empezó,

el ganadero y el viticultor,
amigos desde los días de la infancia,
caen el uno sobre el otro,
¡apestas a estiércol!,
grita el uno,

¡al menos no apesto a
mi propia mierda,
no como otros!,

puños, vocerío,
y golpes, rabia,

el ganadero es el más fuerte,
coge al viticultor,
finalmente, por el cuello,

tira al viticultor
frente a la puerta de la taberna,

gran griterío,
el pueblo entero mira,
los dos pueblos miran,

el relojero y el profesor,
el doctor y el herrero,
el cura gordo y el cura delgado
y los sacristanes
y toda la gente del pueblo, los campesinos, campesinas,
criadas, mozos, aprendices, sirvientas, el picapedrero y el carpintero y
el ceramista, el panadero y la panadera
y el zapatero y el curtidor y el sastre y la sastra, el ladrillero, el molinero gordo, su mujer,

y el ganadero empuja al viticultor
con puntapiés
y luego con un garrote
y luego con un látigo
delante suyo,

hasta el arroyo, hasta el puente,

¡largo de aquí,
y que no te vuelva a ver
por este lado del arroyo
en toda tu vida!,

entonces alguien grita —una mujer-,

(Grito alto.)

en el lecho del arroyo hay un niño,

en el lecho del arroyo hay un niño,
no tendrá ni seis años,

(Grito/lamento.)

ahogado,

(Grito/lamento.)

¿cómo ha podido pasar algo así?

¿cómo pudo suceder algo así
en el día más radiante,
frente a los ojos de todos?,

¿por qué no lo ha visto
nadie?,

¿por qué no se ha dado cuenta
nadie?,

pero ¿nadie podía haber ayudado
al niño?,

y de nuevo suena la campana —
y un instante después llega la respuesta
del otro lado.

(Las dos campanadas, música de luto, un ataúd de niño, larga procesión.)

II.1

El verano se extiende sobre el valle,
mayestático,
poderoso,
grande, tremendo,
resplandecientemente claro,
el sol lanza su luz
en la misma medida
sobre suerte e infortunio.

Adentrados en el camino del arroyo,
después del molino,
enfrente, al otro lado,
en un pequeño cementerio
algo alejado de los pueblos,
la tumba de un niño —

la madre, una campesina,
lleva flores frescas a la tumba
todos los días,
y no puede dejar de llorar,
jamás dejará de llorar
mientras viva,
y mientras viva
llevará flores,
pero ¿de qué sirven las flores?,
¿de qué les sirven a los vivos
y a los muertos? —
no traen
al chico de vuelta,

no son más que flores cortadas,
muertas ellas mismas —

detrás del muro blanco del cementerio,
sin embargo, comienzan los prados y los campos
y aquí hierve la vida,

las abejas zumban,
las cigarras cantan,
y las moscas
trompetean en zigzag,

las mariposas
tropiezan con zapatos demasiado altos,
aire a través,
y van enseñando sus hermosas alas,
los mosquitos bailan, bailan,

cantan los pájaros
en el sol estival,

los ratones corren aprisa
de acá para allá entre los tallos
y de allá para acá,

un conejo
se esconde
misteriosamente entre la hierba alta,
con grandes ojos,
grandes orejas,

y aquí, en estos prados,
en estos campos,
se pierden con las manos entrelazadas
un hombre joven
y una mujer joven,

él es el hijo del ganadero,
Martin,

y ella, ella es la hija del viticultor,
Marion,

estos son los hijos
de las dos familias más ricas
aquí en el valle,

y esta pareja de jóvenes enamorados
están como hechos el uno para el otro,

pero los padres

se odian a muerte,
desde un día del mayo pasado.

Los niños se quieren igualmente,
se quieren mucho,
y por eso se encuentran,
en secreto, todos los días,
en los campos, a escondidas,
hoy en el lado del arroyo de él,
hoy en el lado del arroyo de ella,

se tumban en el trigo con los brazos entrelazados
y miran
hacia lo hondo del cielo del estío,
azul sin fin.

¿Qué hay detrás del cielo?, le pregunta ella a él,
detrás del cielo hay las estrellas,
dice él,
eso lo sé,
dice ella, pero detrás de las estrellas,
¿ahí qué hay?
Eso no lo sabe nadie,
dice él.

II.2

Con el verano,
mayestático,
poderoso,
grande, tremendo,
resplandecientemente claro,

viene también el bochorno,
el gran bochorno,
el gran gran bochorno,

el bochorno, tan grande
que les quita el aliento a algunos,
según se dice,

y con el bochorno
viene la sequedad,
la gran sequedad,
viene la sequía —

y la sequía se queda,
se ensancha,
a lo largo de días y a lo largo de semanas.

Si por fin lloviera,
le dice un campesino a su mujer,
y mira hacia arriba, al sol,
necesitamos lluvia,
pero no hay ni una nube,

se nos seca la cosecha,
el suelo se levanta,
como si viviéramos en un desierto,
y maldita sea,
cuando llueve alguna vez, *cuando*,
entonces siempre llueve allí,
en el otro lado,

(Movimiento de cabeza.)

al otro lado del arroyo,
así sean solo un par de gotas,
¿por qué?, ¿por qué solo ahí?,
¿por qué no aquí?,

a la gente allí
le va mejor,

el viticultor, allí,
no se preocupa de la cosecha,
allí va creciendo una cosecha centenaria,
dice el viticultor,
ese cada día
se enriquece más de lo que ya es,
y aquí
nos estamos pudriendo,

deberíamos,
dice su mujer, la campesina,
deberíamos vivir al otro lado,
deberíamos mudarnos

de aquí hacia allá,
¿tú crees?, dice él,
dejarlo todo aquí,
¿eso cómo se hace?,
tan fácil no es,

y en este momento,
un pájaro cae desde el cielo,
un mirlo, transformado
en pleno vuelo, un golpe de calor, así, tal cual,
el pájaro cae desde el cielo,
sobre los tablones del puente,
muerto,
algo así no se había visto nunca
por aquí.

Niegan con la cabeza.

(Campanadas con retardo.)

Jamás,
dirá más adelante el doctor,
jamás olvidaré el ruido
del pájaro cuando cayó del cielo
y se estrelló contra los tablones del puente.

¿Lo ves?,
dijo la campesina,
el mirlo también quería irse para allá,
al otro lado —

Pero no lo logró,
dijo el campesino,
ya lo digo yo,
tan fácil no es.

Es como si hubiera
una frontera invisible
en el aire —

II.3

«El rey verano
es este año
un rey más que injusto,

no reparte su misericordia por igual»,
escribe el profesor en su diario,

el profesor
que tiene afección a la poesía,
escribe:

«En nuestro lado del arroyo
cada día hace más y más calor,

y al otro lado,
al menos de vez en cuando, sopla una fresca brisa,
la sequedad sella las gargantas,
al otro lado del arroyo,
al menos de vez en cuando,
cae todavía un aguacero,

(Campanadas. La segunda campanada llega más tarde que en la primera escena.)

como si a mitad del valle
se parara
el mundo»,

y, cuando el profesor y el relojero,
viejos amigos,
se encontraron a la mitad del viejo puente
una noche para pasear,
a ambos les pareció que se separaban
ambas orillas del arroyo,
casi se diría,
dice el profesor cuando oscurece,
que el arroyo es, desde aquel pasado día de mayo,
desde aquel día negro,
más ancho,
¿puede ser?,
no, no puede,
¿por qué debería volverse más ancho el arroyo
en mitad del verano,
con la sequedad?,
descartado
y, sin embargo, lo parece,
¿lo parece?
sí, claro, se diría que sí,
completamente imposible,

(Campanadas.)

y también las campanadas
de ambas iglesias
se separan cada vez más,
cada vez más,
¿o no?

El relojero mide
con la manecilla del segundero
de su cronómetro de bolsillo,

(Campanada, tic tac de una manecilla de un segundero.)

el pasado mayo todavía
solo *se demoraba* la segunda pulsación

(Golpe 2.)

pero ahora
se retrasa de manera bastante notable,
quizás también llegue demasiado pronto
el primer golpe,
quién sabe,
alguien tiene que poner orden,
dicen el relojero
y el profesor por la noche,
paseando,

va llegando el momento en que alguien
tiene que poner orden a todo esto,
alguien tendría que poner orden,
los sacerdotes y los sacristanes,

pero los dos sacristanes
y los dos sacerdotes
ya hace semanas que no intercambian
palabra alguna entre ellos,

están demasiado de acuerdo en su fe,
y demasiado dispares son los profetas
a los que siguen en su fe,

los unos hablan
de la clemencia de Dios y de su misericordia,
los otros hablan
de la severidad de Dios y de su ley.

(Campanadas.)

II.4

El molinero, cuya rueda de molino
gira y gira en la corriente del arroyo,

y que por ello quizás
conoce el arroyo mejor que nadie,

ve, piensa y se pregunta
qué es lo que a su vez el relojero y el profesor
sobre el puente ven y piensan y se preguntan:

el arroyo se transforma,
¿puede ser?

El molinero le dice
aquella temprana noche de verano
a su mujer:

la orilla de enfrente del arroyo
se me antoja más lejana
que hace un par de semanas,
¿puede ser?

Y ella, la molinera,
que es una mujer llena de ideas y de planes,
dice, cariño,
¿qué pasaría si,
como segundo pilar,
convirtiéramos el molino en un local con vistas,
con baile y vino y cerveza?

En la lejanía:

retumbar de truenos.

Al fin.

El cielo se repliega.

Al fin, la tormenta.

Los amantes en el campo de trigo,
el hijo del ganadero y la hija del viticultor,
Martin y Marion,
ven cómo en el cielo del ocaso
se levantan nubes negras,

las golondrinas vuelan bajo,
los mosquitos hacen su última función,
bailan por su vida,
antes de que caiga aquí el gran telón de la lluvia
y comience un espectáculo bien diverso,
tenemos que partir,
dice él,
no, dice ella, aguarda,
vuélveme a besar,
aquí en el trigo,

todavía
no ha caído ninguna gota,
negro amenaza el cielo,
los rayos se resquebrajan
mudos en el horizonte,
se detienen y desaparecen,
truena desde lejos,

por lo demás, todo en silencio,

las mismas cigarras callan,
nada se mueve,

ni un ratón de campo da un paso,
ni siquiera las golondrinas
cazan ya mosquitos,

todo en silencio,

solo la gran rueda del molino de agua
prosigue su lento giro,
prosigue, prosigue,

(La rueda del molino gira.)

pero entonces:
viene un viento cálido
sobre los montes,
tuerce los chopos,
barre el valle,
como si fuera una chimenea el lecho del arroyo,
al buen doctor se le vuela el sombrero,
¡huy!

Castañean los postigos de la sastrería,
una camisa olvidada
ondea en la cuerda de la ropa en un jardín
hasta que el viento la arranca,
alto vuela blanca por el negro cielo,

este viento trae consigo la lluvia añorada,
corre, mamá, corre,
clama el carpintero,
¿dónde están los niños?,
llega la lluvia,

al fin llega lluvia,
le dice la panadera al panadero,
he sentido
todo el día
que hoy llega lluvia,
dice el herrero.

«Niños, entrad,
está por llover» —
así resuena
en todo el valle.

Quien puede, busca protección,
tanto los campesinos como el ganado,
los pájaros en los árboles,
los ratones en sus agujeros,
los mosquitos y las mariposas,
la posadera cierra con gusto
la puerta del «Buey Rojo»,
hoy ya no vendrá nadie,
¡quien hoy tenga sed beberá agua de lluvia!

II.5

Rayo y trueno,
lluvia lluvia,

las gotas estallan
sobre los tejados,
en las ventanas,
sobre los caminos,
sobre los campos,
ruge, repiquetea,
la tierra bebe y se sacia,
la rueda del molino gira deprisa
y más y más deprisa,
el arroyo sube,
coge anchura,
anchura,

y desborda las orillas,

pero una orilla,
la orilla de la vid,
está un poquito por encima de la otra,

la orilla de los bueyes,
solo un poquito por encima,

de modo que el agua corre un poco más hacia aquí que hacia allá,
sobre los prados, campos,
en los agujeros de los ratones,
y en alguna que otra despensa subterránea,
en alguna que otra casa,

inundación,

a los ratones de campo que son padres
se les ahoga de un golpe todas las crías,
a las mariposas se les escurre el color
de las alas,

al carpintero se le va flotando la madera
y al zapatero se le van flotando los zapatos,
las hormas y el cuero,
y al peluquero,
las tijeras y los peines,
y a los sastres, las hermosas telas de colores,
alto, alto,

el agua se lo lleva todo,
incluso los bancos de la escuela,
incluso un granero entero,

y, maldición,
¿puede ser?,
no,
no puede ser,
y en cambio es así,
como si se hubieran confabulado todas las nubes,
de nuevo le da a un lado
más duro que al otro,

«este verano,
la verdad, no hay nada justamente repartido»,

escribe bajo el reflejo de los rayos
el profesor en su diario,

rayos y truenos,

(Campanada, tiempo, campanada, trueno.)

precisamente la fábrica de ladrillos
tenía que ser derrumbada por la tormenta
y entierra debajo a la mujer del fabricante de ladrillos,

al ganadero el viento le levanta el tejado,
cientos de vacas
apretujadas bajo la lluvia,
hasta que un rayo irrumpe,
y las quema, las chamusca,

un establo lleno de animales muertos,
mientras la lluvia
sigue repiqueteando sobre ellos,
sin tregua, la noche entera.

II.6

Pero esta tormenta
no solo trae consigo lluvia y viento,
rayo y trueno,
la tormenta trae algo más,

una fiebre.

Una fiebre, una enfermedad,
del todo desconocida hasta el momento,

esta fiebre
estalla un par de días más tarde,
solo un par de días después de la gran tormenta,
al otro lado del arroyo,

del lado de los bueyes,
y no así en el otro,
¿por qué no?,
¿puede ser?,
no, es totalmente imposible,
y en cambio así es,

el doctor está perplejo,
no puede sino contemplar,
contemplar impotente,
mientras la fiebre todo lo agarra en torno a sí,
da igual lo que haga,
la fiebre
arrasa entre los viejos y los niños,
lo mismo que mata en pocos días
también a hombres jóvenes y fuertes
y a mujeres jóvenes,
sin que nada sirva,
no hay medicamento alguno.

Las barrigas de los enfermos de fiebre
se hinchan,
y sus labios se agrietan,
estallan, mientras la fiebre sigue aumentando,

las lenguas de los enfermos se hinchan
y empiezan a sangrar,
los ojos de los enfermos se ponen vidriosos,
los enfermos de fiebre son señalados de muerte,

después de dos días ya están demasiado débiles
como para dar siquiera un paso,
al final, a los enfermos les sale la sangre
por cualquier orificio,
y de este modo se desangran,
de este modo mueren al cabo de pocos días.

De este modo muere la mujer del zapatero.

Y el hijo del zapatero.
Y el zapatero.

¿Qué clase de —
¿Qué clase de enfermedad es esta —

Sea lo que sea,
cerremos el puente
hasta que haya pasado el peligro,

hasta que haya pasado el peligro de contagio,
nadie va
de un lado del arroyo al otro,

el puente es cerrado,
por primera vez, desde que existe,

se apostan guardianes,
un cuerpo defensivo de ciudadanos
que le corta el paso
a cualquiera que decida cruzar el puente.

El ladrillero,
que con los hijos bajo el brazo
quiere huir de la fiebre,
ya muerta la madre de los niños,
no puede pasar,
tampoco el profesor
o el relojero
o la gente del sastre,
nadie pasa por aquí,

la frontera,
demasiado peligrosa,
está cerrada,
mientras la fiebre arrasa,

y ay de aquel
que en secreto

salte de un lado al otro,
que quiera salvarse de este modo
de una muerte segura,
como el gordo aprendiz de panadero,
sin ir más lejos,

al que ahuyentan
los guardas con largos palos de vuelta,
de vuelta allá —

(Empujan con palos al agua al gordo aprendiz.)

El hijo del ganadero y la hija del viticultor,
enamorados hasta las cejas,
lo hacen igualmente,
no dejan que les prohíban nada,
casi todos los días
él va al encuentro de ella,
o ella al de él,
más fuerte que todo
es el amor,
nada nos puede detener,
él ríe,
¿qué nos va a detener?

Todavía es verano,
el grano todavía les protege,
pero ¿qué pasa si llega el otoño?,
en caso de que sobrevivan hasta el próximo otoño,

tengo miedo, le dice ella a él,
tengo miedo por nosotros,
no tengas miedo, dice él,
¡esto pasará!

«¿Por qué nosotros?»,
escribe el profesor en su diario,
«¿Qué es distinto en nosotros a ellos?,
¿por qué nos alcanza la fiebre a nosotros?,

¿por qué solo nuestro lado y no el suyo?,
¿y qué pasaría si fuera al revés?,
¿seguiríamos como ellos
viviendo simplemente la vida como hasta ahora?
Todos los días el camino conduce al cementerio,
todos los días cargamos a los nuestros hasta la sepultura,
con profundo dolor,
ya se ha quedado pequeño el cementerio
para todos los muertos,
ya tuvimos que empezar
a cavar una gran fosa
que pueda albergar a todos esos muertos,
a los niños, los jóvenes y los viejos;
hasta al mismo sacerdote tuvimos que enterrar,
mientras que, al otro lado del río,
pues ya no podemos llamar arroyo
a ese río,
tan ancho se ha vuelto
desde la gran tormenta,

mientras allá,
al otro lado del río,
el molinero y la molinera
construyen una terraza con vistas,
pues están convirtiendo su molino
en un local de excursiones con vistas
para gente de la gran ciudad,
con baile y vino y cerveza.

(El bar de bailoteo.)

III.1

La noche se ciñe
un chal de niebla
por los hombros,
y sale por las calles,

es otoño.

Ha pasado el bochorno, la aridez,
la tormenta y la inundación,
y también la fiebre ha pasado,
ha pasado,
los últimos muertos ya han sido enterrados.

(Primera campanada.)

El otoño ha llegado,
y el otoño
de todas las estaciones
es la pintora, y la actriz,
la poeta,
la artista,
pues el otoño crea
de la nada
un mundo enteramente nuevo,
un reino de los cielos de niebla y nubes.

(Segunda campanada.)

De este modo se asienta la noche
con su chal,
cuidadosamente, paso a paso,

y las granjas y los jardines,
los establos y las casas,
las calles, caminos, plazas,
árboles frutales y tilos y robles,
incluso las astas,
se hunden en la densa niebla.

Árboles y matojos se convierten
en troles y en seres de la estirpe de las hadas,
las ruinas de la fábrica de ladrillos
se torna en buque fantasma,

el viejo molino,
hoy un local de excursiones con vistas,
con vino y baile y cerveza y luces de colores,
se torna en un monstruo,
en un dragón de fulgor rojizo,

el río, por muchos todavía
llamado el arroyo,
aunque ya hace mucho que el arroyo
se ha convertido en un río,
el río
ha desaparecido completamente
bajo el blanco chal de niebla,
como si no estuviera,
como si no hubiera estado nunca,

y el puente,
el viejo puente de madera,
parece que se extiende por una pura nada blanca,

el puente se convierte con esta niebla
en una pasarela
sobre todos los abismos de este mundo,

en una pasarela
sobre el ayer y el hoy y el mañana,
sobre la vida y la muerte.

En esta niebla
ya no hay ningún aquí más,
ningún allá,

todo,
todo se iguala
en esta noche de niebla,

todo se somete a una magia igual,
de igualdad y de unidad
y fraternidad
y equidad
y libertad —

Mira,
mira por la ventana,

dice la mujer del panadero,
los dos ya tendidos en la cama,
porque mañana a primera hora,
como cada mañana,
a primera hora, a las cinco,
tienen que despegarse de las sábanas,

mira
los farolillos
son lunas brillantes,
luces y lámparas se convierten en estrellas,
los árboles y las casas vecinas han desaparecido,
todo nebuloso,
todo blanco,
como si viviéramos en las nubes,

qué maravilla, dice él, el panadero,
que normalmente no suele ser hombre de bonitas palabras,
coge la mano de ella y la lleva hacia sí,

es
como si fuésemos ligeros como el aire,
como si voláramos cielo a través,
ven, ven más cerca,

el profesor
sale en esta noche frente a su casa,
y piensa,
el mundo es así
liberado de forma y de tiempo,

y luego él,
el profesor,
que tiene tendencia a versificar,
cree ver a una mujer
que pasa por las calles,
a su lado,
sonriente,
con un chal blanco.

Aquel que en cambio en esta noche de otoño
siga todavía de camino,
aquel que todavía está afuera
por los caminos, por las calles,
bien le puede ocurrir
que se pierda por el camino
de tanta niebla,
en la que ni siquiera
se alcanzan a ver los propios pies,
en la que uno podría creer
que ya no tiene cuerpo —

El viticultor sigue de camino,
por ejemplo,
¿por qué?,
solo quería ir a ver un momento a su hija,
Marion,
si duerme tranquila,
pero no está,

no está en su cuarto,
¿dónde estará?,
¿dónde puede haber ido,
en esta noche de niebla,
¿se habrá perdido la niña
en esta noche,
a esta hora?

De este modo camina el viticultor
por las callejas nebulosas,
y también el ganadero está de camino,

el ganadero, que al viticultor
casi le parte todos los huesos en cierta ocasión,
en una pelea,
el ganadero busca a su hijo,
Martin,
porque él no está en su puesto,
no hace guardia de caballeriza
como pactado,
maldición,
¿dónde estará?,
¿dónde podrá estar?,

y de este modo buscan viticultor y ganadero
a la vez a sus hijos,
que ya hace mucho que no son ningunos niños,

ambos padres avanzan a tientas
con farolillos a través de la noche de niebla,
ni siquiera se dan cuenta de que
han cruzado el puente,

de este modo pasan el uno junto al otro,
solo a dos metros de distancia,
sin reconocerse,

ni siquiera se reconocen los perros,
que llevan con la correa corta frente a sí,
el pastor alemán y el dóberman,

buenas noches, querido vecino,
le dice el viticultor
a la sombra desconocida,
que viene a su encuentro entre la niebla,
buenas noches, dice el otro,
el ganadero,
sin sospechar con quién está hablando,

vaya noche, ¿no es cierto?,
sí, maravillosa,
inusual,
cómo consuela el otoño
tras un verano pesado,
sí, ya lo puede decir,
pues buenas noches,
lo mismo digo, y buen regreso a casa,
¡sí!, dice el uno,
si al menos pudiera uno ver por dónde va,
así es, ríe el otro,
quién sabe en qué colchón de plumas o de niebla
nos despertaremos mañana por error,
ríen,
pues otra vez buenas noches,
buenas noches,

y cada uno de los dos hombres,
antes amigos, hoy enemigos,
coge su camino,
sonriendo satisfechos,

todo en disolución,
las fronteras
y la enemistad,

incluso el tiempo
fluye por separado en la densa niebla,

una campana suena aquí,
la otra responde en algún momento,

ya no se sabe
cuándo sonó cuál,
o si la campana, que suena la segunda,
no era la primera,
y la primera dio la respuesta a la segunda,

así se posa la niebla con cautela,
incluso sobre el tiempo,
incluso sobre los sueños,

el relojero sueña
que tiene perilla,
sueña con llevar
su reloj de bolsillo de la correa como un perro,
hasta que se da cuenta
de que el reloj le sacó a pasear a él
y no él al reloj,

el doctor sueña
que se alza sobre dos perros,
con cada pierna en uno,
los perros, sin embargo,
se lanzan el uno sobre el otro,
en la taberna saltan
sillas, mesas,
revientan vasos,
hasta un tonel,
un gran, redondo tonel,
grande como el mundo,
que le entierra debajo,

la madre sueña que vuelve su hijo,
como si nunca se hubiera ido,
ni se hubiera ahogado,
viene con un ramo de flores,
mira, mamá,
las he recogido para ti,
¿te gustan?

Un campesino sueña
que la gran tormenta del verano
no le destrozó los campos,
sueña con una gran mesa larga,
en la que el pueblo entero
celebra la fiesta de la cosecha,
con vino y baile y cerveza,
pero entonces cae en su sueño
un pájaro muerto sobre la mesa,
y el molinero grita:
este tablero no alcanza para todos,

el ladrillero sueña
que su mujer
no murió en verano,

y el sastre sueña
con telas nunca vistas, filamentos colorados,
sueña que encuentra cada agujero de aguja,

el alfarero sueña con un cántaro,
que nunca se rompe,
por mucho que vaya al agua,

y el carpintero sueña
que es un picapedrero,
pero el picapedrero sueña
que es un carpintero.

En esta noche tan especial,
solo faltaba
que este blanco nebuloso se enfriara,
que se congelara,
que transmutara en una capa de hielo,

sobre la que luego los niños y los mayores,
todo el pueblo, no,
ambos pueblos,
pueden patinar.

Todos salen de sus casas adormilados,
ha ocurrido un milagro,
uno se resbala,

¡huy!, pero ¿¡esto qué es!?
¡Hielo!, todo está helado,
¿dónde queda el arroyo, el río?,
¿dónde empieza,
dónde termina?,

sobre el nebuloso hielo patinan
la criada del molinero
y el aprendiz de panadero,
el curtidor y el calderero,
el peluquero,
el herrero y su mujer,
la posadera del «Buey Rojo»
y el posadero del «Racimo Negro»,
el picapedrero y el carpintero,
el doctor y el relojero,

todos ellos flotan, giran,
bailan entre ellos,
con antorchas en la noche,
en la niebla
vuelta hielo,

hasta la campanada se ha helado,
las campanadas,
las dos campanadas
se hielan en el aire
y se vuelven una,
un tono, un cantar planea sobre esta noche,
un balanceo,

mientras el sastre y la sastra,
el molinero y el campesino
y todos los demás,
incluso los muertos,

patinan sobre la niebla
al reflejo de las antorchas,

complacidos y relajados,
traviesos, ingrávidos.

(Los patinadores en la noche de niebla.)

IV.1

Es una lástima
que esta niebla solo sea niebla,
un soplo, un aliento,
un tejido del más fino,
que se disuelve en nada
durante el sol de la mañana,

el otoño tiene que partir,
tiene que ponerse de camino,
ciao,
hasta luego,
la obra se acabó,
adieu,
hasta el año que viene,
quizás,

el otoño
centellea una última vez bajo el sol,
saluda,

y entonces caen
las últimas hojas de los árboles,

y viene
el invierno.

(Música. Nieva.)

Nieve.

Nieve sobre las colinas,
sobre los tejados,
nieve sobre las calles, sobre los caminos,
y sobre el puente sobre el río

y sobre las tumbas.

Nieve.

Nieve sobre los campos,
sobre los chopos en la lejanía.

Será un invierno frío,
dice el herrero,
lo nota en los huesos.

La sastra teje
guantes y bufandas y gorros.

Los mosquitos se escabullen en la viguería,
los ratones se entierran
tan profundo como sea posible,
ávidos buscan los cuervos comida
en los campos nevados.

IV.2

Viene la Navidad,
tiempo de compasión,
tiempo de regalar y de perdonar,
viene el rico viticultor
con un gran trineo de caballos
sobre el puente,
en contra de la prohibición del ganadero,
y reparte regalos
entre los niños,
que han perdido en la gran fiebre
padre y madre,

esto es para ti,
y esto para ti,
y esto para ti,

el molinero y la molinera,
vueltos muy ricos,
con su local de excursiones con vistas,
prometen una escuela nueva,
la anterior se fue río abajo
durante la gran tormenta del verano,
y juntos
quieren encontrar también a un nuevo profesor,
el último murió
el último otoño,
durante una noche de niebla.

(Campanada.)

Viene la noche
del nacimiento del Salvador,
Jesucristo,
y ambos pueblos
perpetúan esa noche de unión,
esa fue siempre la costumbre,
y asimismo lo es este año,
con indiferencia de lo que haya ocurrido
a lo largo del año,
en esta noche la gente se junta,
como antaño todos los domingos en la taberna,
ora en un lado del puente,
ora en el otro.

Es Nochebuena —
la gente se junta en la iglesia
que el viticultor, hace muy poco,
hizo embellecer como agradecimiento
a una gran cosecha,

si bien
los de un lado del río
se sientan en el ábside izquierdo de la iglesia,
y los otros en el derecho,
libre el pasillo en la mitad,
encarados hacia delante, hacia el altar,

y a través de este pasillo caminan ahora
la hija del viticultor y el hijo del ganadero,
Marion y Martin, a la búsqueda
de sitios libres para ambos,

erguido el semblante, las manos entrelazadas,
contra la prohibición de los padres,
contra rumores, cuchicheos y habladurías,
no toques con tus pezuñas
a mi niño, resopla el viticultor,
¿qué?, ¿sus dedos
no son lo bastante buenos
para las ubres de tu muñeca?,
responde el ganadero,
ya quieren los dos padres
abalanzarse el uno sobre el otro en la Casa del Señor,

cuando el viejo sacerdote sube
al púlpito, completamente helado,
con esfuerzo, paso a paso,
¿qué ha ocurrido
desde el pasado mayo?,
su pelo se ha vuelto blanco,
gordo era antes, redondo y orondo,
ahora está demacrado,
casi como era en vida
el otro sacerdote,
aquel que murió de la fiebre
del verano.

El sacerdote mira hacia abajo
sobre el rebaño de hijos del Señor,

murmulla:
el mar,
que se partió para Moisés,
no volverá a partirse,
nunca más —

Dice:
vendrá un barco,
un barco —
y será un barco de los muertos,
guardaros de este,

y luego ya no dice nada más.
¿Por qué no habla de
JoséMaríayelhijoJesucristo
y del establo,
de la vaca, del asno y del belén?,
pregunta el posadero del «Racimo Negro»,
¿qué tipo de barco?,
pregunta con guasa el molinero,
como si tuviéramos un puerto aquí,
a lo mejor viene un bote de remos,
ja, ja, ¡un bote de remos de los muertos!

Tanto frío
hace este invierno,
que todo se hiela,
incluso las campanas,
y, cuando las personas, después de la misa,
salen de la iglesia,
no se oye ningún ruido,
solo se escucha el crujir del hielo
en los muros
y en la madera.

Hasta tal punto hace un frío que pela
este invierno,
que todos vuelven a toda prisa a casa,

sobre el puente,
o sobre el río helado, da lo mismo,
solo importa volver deprisa a casa, a la cálida alcoba.

Y aquí se sienta entonces la gente
junto a la estufa caliente y se cuenta
historias de dos hermanos,
que vivían el uno frente al otro,
separados por un arroyo,
pero unidos, como gemelos,
por una pasarela.

IV.3

Aquel que puede
con este frío, no pone
un pie fuera de casa,

pero quien está de camino a pesar del frío,
con gorro, botas, guantes,
enmudece para que no se le congelen nariz
y labios,
y con motivo:

o bien se queda sin provisiones,
sin salchichas, ni jamón, ni compota,
o bien falta combustible.

Muchos se quedan sin provisiones
en este invierno,
como mínimo en un lado del río,
en el que en verano la gran inundación
alcanzó los almacenes de provisiones
y todo lo anegó.

Aquel que puede,
aquel al que dinero no le falta,

va al ganadero,
compra un ternero
o una cabra o un carnero.
O un cerdo.

Caros.
Y los precios
suben
con la demanda.

Aquel que no tiene el dinero
tiene que pedir prestado.
¿A quién?
Al viticultor
y al molinero,
estos tienen dinero.
Los pasos en la nieve
van en esa dirección.

A aquel que se queda sin madera para el fuego,
se le mete en casa deprisa el frío,
entonces el frío se le mete en las camas,
en los huesos,
y este tiene que ir a recoger leña,
pero ¿a dónde?

La mayor parte de la madera ya ha sido recogida,
y ya hace mucho, quemada —
quizás haya un poco allá,
en el bosquecillo entre las montañas de vides,
quizás quede un poco en la otra orilla,
piensa alguno,
y mira más allá del río helado.

Pero aquel que se anime a
caminar por encima
o aquel que quiera caminar por encima del hielo
no llegará muy lejos,

porque al otro lado
hace poco que hay una valla
de alambre con púas,
y esta valla abarca muchos kilómetros.

Aquel que de todos modos ose,
aquel que de todos modos llegue al otro lado
a la búsqueda de madera,

bajo la valla
o por un agujero,

este será ahuyentado, apaleado,

¿qué se te ha perdido aquí?,

¿quién te ha dicho que vinieras?,

nadie te ha invitado,

largo de aquí, ladrón de madera,
ya estás tardando.

V.1

En primavera
se derrite la nieve, el hielo,
y el río,
antes un arroyo,
que fluye entre las colinas
y que parte el valle en dos mitades,
se transforma.

Día a día, hora a hora,
se transforma el río,
el agua sube y sube,
el río se ensancha,
el río se convierte
en un torrente frío,

y una mañana gris,
un día gris de primavera,
el agua gris del torrente arranca
el puente,
el viejo puente.

Donde antaño los niños
ponían a nadar palitos y barquitos,
ahora corren río abajo
tablas enteras y baldas de madera.

Nada de cruzar más de un lado a otro.

Tenemos que construir un puente nuevo,
grita alguien del otro lado,
un puente mejor y más alto,

un puente de piedra o de hierro,
pero ¿cómo?, ¿cómo podemos hacerlo?,
¡tan rápido no es!

¿Cómo podemos ir los unos al encuentro de los otros,
cómo visitarnos,
cómo hacer intercambios comerciales?

¿Qué intercambio queréis hacer
con esos?,
ríe el viticultor,
¿qué hay para comprar en el otro lado?,
ya hace mucho
que no hay nada con qué comerciar ahí,

más bien deberíamos estar contentos
de que hayamos perdido de vista el puente,
pensad para empezar en la fiebre,

(Campanada.)

suena la campana,
y resuena,
resuena tiempo, hasta que agua a través
llega la respuesta,
desde lejos, como desde muy muy lejos.

(Campanada.)

Todos están en las orillas,

el agua sube,
y la corriente se va ensanchando,
ya casi ni pueden oírse,
cuando se llaman entre sí:

nos veremos pronto,
¡esto no puede durar mucho!,
¡el próximo verano
nos reiremos de todo esto!

Alguien llora:
es la hija del viticultor,
Marion,

te amo —
grita
desesperada
a su amado,
el hijo del ganadero, Martin.
Cada noche te esperaré
aquí,
¡cada noche!

¡Yo también te amo!
Nada nos puede frenar,
grita él de vuelta,
desde el otro lado,
quiere tirarse al agua,
cruzar a nado hacia ella,
pero esto
es imposible,
y su gente le retiene,
la corriente es demasiado rápida,
demasiado impetuosa,
y el agua está helada,
demasiado fría,
demasiado fría.

V.2

En esta primavera
se le acaban a la gente de un lado
las últimas provisiones,

la cosecha fue demasiado mala,
demasiado duro el invierno
y demasiado grande la mala suerte,

y la mala suerte
no cesa,

no es una primavera fría,
lluviosa, húmeda,
hay aguanieve
hasta abril,
incluso hasta mayo,
y hay carencia de todo,
de todo.

La gente depende de barcas,
que cruzan con ollas llenas de comida,
que traen ayuda,
y que entonces vuelven
al otro lado.

En esta pobreza
crecen la envidia y la desavenencia,
la discordia, el odio y la amargura.

Con odio abierto
mira el ladrillero
sobre el agua
al otro lado,
y se decide a hacer cola
por un plato de sopa.

El buen vecindario
no soporta más la pobreza,
se descompone.
La carencia crea usura,
crea desconfianza,
y la desconfianza conduce a la disputa,
y la disputa conduce a la violencia.

(La distribución de comidas.)

V.3

Tal y como ha prometido,
viene la hija del viticultor
cada noche a la orilla del agua,

y allí espera
en el sitio,
en donde una vez su amado saltó
hacia ella, bajo el sauce.

¿Qué ocurre si resbalo,
dijo él, entonces,
bromeando,
el arroyo es demasiado hondo,
me ahogaría
en tu imagen en el agua.

Esto fue
hace más o menos un año,
en mayo.

Pero una noche,
en la que la hija del viticultor
espera allí en la orilla,
ve en la lejanía,

al otro lado de la corriente,
ya es por mucho tan ancha
que apenas puede verse de un vistazo
la otra orilla,

un reflejo de fuego en el cielo,
en la oscuridad,
y este reflejo de fuego
se va volviendo más y más luminoso,

arde,
allí,

al otro lado,
arden lenguas de fuego,

FUEGO,
FUEGO,

oh, Dios mío, Dios misericordioso,
ten piedad de sus almas,
ahí no solo arde una casa,
arde el lugar entero,

aquello que lame el cielo
es un incendio,
el fuego asola los campos,
las colinas, por doquier,
las llamas lamen
muchos metros hacia lo alto —

dad alarma,
arde,

arde,

(Campana de incendios.)

arden los graneros
y las granjas,
y arden los establos,
las barracas y chabolas,
las casas,
algunas de ladrillo rojo,
otras de entramado,

la sastrería está en llamas,
los tejidos, los hilos,
todos los colores vivos y estampados
los devora el fuego,

la sastra, desesperada,
trata de salvar

lo salvable,
pero todo es insalvable,

el «Buey Rojo», la taberna,
arde en lenguas de fuego,

las llamas lamen por fuera las ventanas

de la casa y del taller del carpintero,
arden demoledoras,

agua, necesitamos agua,
ahora sí se extingue, se extingue,
los hombres y las mujeres forman una cadena,
vuelan los cubos de agua
de mano en mano,
los rostros de los desesperados
al reflejo del fuego,
los granjeros,
granjeras,
sirvientas, criados,
el picapedrero y el ganadero y el hijo del
ganadero y el carpintero y el ceramista,
el panadero y la panadera,
y el curtidor y el sastre
y la sastra, el relojero,
el herrero,
y toda la gente del pueblo,
lucha contra las llamas,

(Campana de incendios.)

pero si todo está ardiendo,
dice al otro lado
el molinero,
en la terraza para excursiones con vistas
tiene un telescopio en la mano,
qué horror, dice,
¿no se puede hacer nada?

¡Tenemos que ayudar!

Perros y ocas,
toros y caballos
y ovejas y cerdos
corren ardiendo por las calles,

ante nada se detiene este fuego,
la iglesia arde,
el campanario se derrumba,

(Campanada.)

incluso el apartado cementerio arde,
¿puede arder un cementerio?
La hierba arde y la tierra arde,
las colinas y los álamos arden,
el asta en la plaza del pueblo arde,
incluso el cielo está en llamas.

Tenemos que huir,
no nos podemos quedar aquí,
el fuego
nos devorará,
dice Martin, el hijo del ganadero,

al agua —

después de este fuego
no va a quedar nada
y nada volverá a crecer nunca jamás,
por años,
por décadas,
aquí moriremos de hambre,
si no morimos antes de otro modo,
grita un campesino,

sálvese,
sálvese
quien pueda,

los árboles arden,
los árboles frutales,
los jardines,
los tilos y los robles
y los nidos de pájaros,
los pájaros mismos
aletean ardiendo en el aire,
en el negro, mordiente humo,

los niños gritando,
y niños hay muchos aquí.

(Humo.)

V.4

Quien puede
intenta
alcanzar el otro lado del agua,
al otro lado de la orilla,
quien puede,
huye por el agua,
sobre el río, quien puede,
quien encuentra una plaza,
quien la puede pagar,
en un pequeño bote de remos,

que zarpa en la oscuridad,
al reflejo del fuego,
entre el humo.

Apretados
están sentados y están de pie los refugiados
en la barca demasiado repleta,

el relojero entre ellos,
sujetándose
a su reloj de bolsillo,

y así se avanza
hacia la oscuridad,

así se avanza
fuera del gran fuego

hacia el frío,
porque el agua
está helada,

y es
noche cerrada,

no se ve ninguna luz
al otro lado de la orilla, en la lejanía,
y no se escucha nada,
ninguna campanada
del otro lado.

Ahora nos hemos
caído del tiempo,

¿puede ser?,
no, no puede,
y en cambio es,
no, completamente imposible,

el relojero habla consigo mismo,
piensa en su viejo amigo,
el profesor,
que tenía tendencia
a versificar,

dice, mi amigo muerto,
donde sea que estés:

para esta oscuridad
no hay palabras.

¿Qué hora es?
¿Queda mucho?

¿No tendríamos que haber llegado ya hace tiempo
al otro lado?,
¿dónde estamos?

Así pasa la noche.

Y cuando por fin se hace de día,
los refugiados sobre el agua no ven
nada —
en la proa del bote
está de pie el hijo del ganadero,
Martin,
busca con la vista
a su amada, Marion,
y no ve
nada,
ningún sauce,
ninguna orilla:

el río,
que antaño
fue un arroyo,
en esta noche de fuego
se ha convertido en un mar,
y este mar se ensancha
hasta el horizonte,

infinito,
sin límite, amplio y gris,
y descolorido

de allí hasta allá,
y continúa,
continúa,
siempre más —

ninguna costa salvadora a la vista —
no hay orilla.

La barca va a la deriva
en mar abierto.

Fin

100 CANCIONES

100 Songs

100 canciones se estrenó en 2019 en el Länsteater Örebro.

Personajes

Un grupo de hombres y mujeres de diferentes edades. Quizá haya un niño entre ellos, quizá no. El grupo se dirige al público.

Observación

Las sugerencias de vestuario en el texto son solo estímulos iniciales no determinantes.

Prólogo

Un grupo de hombres y mujeres entra en escena.

Se trata de personas del todo normales — Personas como las que van de una ciudad a otra durante una mañana normal de finales del verano.

Los hombres y las mujeres se reúnen, permanecen de pie y miran en silencio al público.

Están de pie sobre un charco de sangre, pero no lo saben.

Un Hombre. *(En un principio, duda. No sabe cómo empezar. Eso puede llevar tiempo. Luego se dirige al público y explica lo que el público ya puede ver por sí solo.)* Un grupo de hombres y mujeres —

Pausa.

Una Mujer. Un hombre no sabe cómo empezar.

Pausa.

Señala algo indefenso a un grupo de hombres y mujeres. Quizá también haya un niño entre ellos.
Quizá no.

Pausa.

El hombre señala al grupo de hombres y mujeres, algo indefenso.
Y finalmente dice:
Un grupo de hombres y mujeres —

Pausa. El hombre señala al grupo algo indefenso.

EL HOMBRE. Un grupo de hombres y mujeres —

OTRO HOMBRE. Estas son —
Estas son personas comunes, por muy distintas que sean, cada una, vista individualmente —

OTRA MUJER. Estas personas no tienen nada en común —

UN HOMBRE. Y estas personas lo tienen todo en común — Y ni siquiera se conocen.

Pausa.

UNA MUJER. Los hombres y las mujeres se reúnen, permanecen de pie y en silencio.

Miran al público. Pausa. Están perplejos, visiblemente inseguros.

UNA MUJER. Están perplejas.

Pausa.

OTRA MUJER. Están inseguras y no saben qué decir, quieren decir algo, pero parece que lo que quieren decir es demasiado — Demasiado — ¿Cómo se diría?

ALGUIEN CUALQUIERA. *(Inseguro.)* ¿Demasiado complicado?

Pausa.

ALGUIEN MÁS. O demasiado simple. Espantosamente simple.

Pausa breve.

UN HOMBRE. Aunque quizá también sea espantosamente complicado.

Pausa.

OTRO HOMBRE. Demasiado grande.

UNA MUJER. Demasiado lejos.

OTRA MUJER. *(La contradice.)* No — Pero si acaba de ocurrir —

Pausa breve.

LA MUJER. Quizá lo que quieren decir está demasiado lejos de cualquier cosa que puedan pensar —

Silencio.

EL HOMBRE DEL PRINCIPIO. Silencio.

Silencio.

UNA MUJER. *(Lo contradice.)* Pero, si ocurrió, entonces también pueda ser pensado —

LA MUJER. Sí, pero —

OTRA MUJER. *(Le contradice.)* No, no puede ser pensado —

Pausa breve.

UN HOMBRE. *(Al público.)* Silencio.

Silencio apesadumbrado y perplejo. Alguien toma aire:

UN HOMBRE. Canciones —

UNA MUJER. «Canciones» —
Él deja esta palabra en el aire —
Como si esta palabra fuera algo semejante a una respuesta o a la posibilidad de una respuesta. Como si la palabra pudiera suspenderse en el aire, centelleando, brillante —

EL HOMBRE. Canciones —

Deja la palabra por un momento suspendida en el aire. Al público:

¿Te ha ocurrido alguna vez? Enciendes la radio y entonces suena esa canción, ¿y simplemente tienes que sonreír?
¿Simplemente tienes que sonreír, porque esta canción está sonando en la radio?

UNA MUJER. «Something Stupid». De Frank y Nancy Sinatra.

Ella canta un poco para sí.

OTRA MUJER. O «All I Wanna Do». De Sheryl Crow.

También ella canta en voz baja para sí.

UN HOMBRE. «Road to Nowhere». Talking Heads.

Él canta un poco, mientras los demás siguen cantando sus canciones.

OTRO HOMBRE. O «Bongo Bong». Manu Chao.

Él canta un poco, mientras los demás continúan. Cada uno se mueve al ritmo de su canción. Bastante caos.

UNA MUJER. If you're going to San Francisco.
Ca plan pour moi.
I wanna dance with somebody — ¡Todas esas tonterías!

Tonterías está dicho con cariño, en modo alguno peyorativamente.

UN HOMBRE. *(Se ríe.)* ¡Sí! Todas esas tonterías. «Don't dream it's over».

De repente, todo el mundo canta el estribillo de «Don't Dream It's Over», de Crowded House.

Varios ríen después.

La risa se va apagando.

Pausa.

UNA MUJER. Duele.
OTRA MUJER. Ya ha pasado.

Pausa.

UN HOMBRE. Entonces alguien del grupo dice: 100 canciones.

Pausa breve.

UNA MUJER. Un réquiem.

Pausa breve.

UN HOMBRE. Prólogo:

UNA MUJER. «Prólogo», dice alguien del grupo de personas del todo normales que no tienen nada que ver entre sí.

EL HOMBRE DEL PRINCIPIO. Prólogo.

UNA MUJER. Quizá alguien debería haberlo dicho un poco antes. ¿No os parece?

UN HOMBRE. Alguien ríe.

EL HOMBRE DEL PRINCIPIO. *(Ríe.)* ¡Sí! Ya lo puedes decir, ya.
Ahora ya es un poco tarde.
Sobre todo, porque todo ha pasado ya.

Pausa breve.

UN HOMBRE. Alguien suspira, como si recordara algo que ha perdido, y ese recuerdo todavía doliera. Dolerá para siempre.

Alguien suspira.

UNA MUJER. ¿Y qué tal Chopin?

OTRA MUJER. ¿Y qué tal Laleh? ¿O «Luran i fickan»?

Observación: En este punto también podrían ser otros títulos e intérpretes. Lo principal es que no tengan nada que ver con Chopin.

UN HOMBRE. ¿Chopin? ¿En serio? ¿Qué tiene que ver Chopin con todo esto?

LA MUJER. Sí, bueno, para ser sincera — Yo había escuchado a Chopin aquella mañana — ¿O fue la noche anterior? Tenía a Chopin en el oído. Un vals.

Música: Vals n.º 3 en la menor de Chopin, Opus 34.

UN HOMBRE. Chopin —

Pausa breve.

UNA MUJER. O Schubert.

UN HOMBRE. O Brahms.

Brahms. Sinfonía n.º 3, Opus 90, 3.er movimiento.

UNA MUJER. Todos escuchan durante un momento.

Pausa breve.

UN HOMBRE. Alguien llora un poco.

UN HOMBRE. Alguien llora un poco y dice entre lágrimas: esto es tan hermoso.

UNA MUJER. *(Llorando.)* Esto es tan hermoso.

Pausa breve.

UN HOMBRE. Siempre he estado dándole vueltas a qué música debería sonar en mi funeral.

SU ESPOSA. *(Brusca, enfadada.)* Entonces, ¿esto qué es? — ¿Por qué hablas de algo así? — No hables de algo así.

EL HOMBRE. Bueno — Es algo en lo que se puede pensar —

Pausa.

UN HOMBRE. La vida es solitaria —

UNA MUJER. La vida tampoco es tan mala.

UN HOMBRE. La vida es grandiosa.

UNA MUJER. Grandiosa, ¿qué significa eso para ti? —

EL HOMBRE. Bueno, en mi caso, acabo de follar y, cuando acabas de follar, la maravilla de la vida siempre —

Pausa.

Ha pasado ya.

Pausa.

Acababa de follar.
Esa mañana, quiero decir.

UN HOMBRE. Y yo estaba de camino a un funeral.

Pausa breve.

UNA MUJER Y UN HOMBRE. Iba de camino a una entrevista de trabajo.

Pausa breve.

Otra Mujer. Todo el mundo te dice siempre que no hay que tener miedo.

Pausa breve.

El Hombre que tuvo sexo por la mañana. Aquella mañana la vida era perfecta.

Una Mujer. La vida —

Ella no sabe qué decir.

El Hombre que tuvo sexo por la mañana. Perfecto. Sabéis — Eso lo sabéis — Cuando uno se levanta por la mañana, al amanecer,
y empieza a caer sobre los otros.

Pausa.

Bueno. Así fue.
Realmente nos caímos los unos sobre los otros.
Ella yacía bajo el sol de la mañana.

Una Mujer. Entonces —

Un Hombre. Ya hace rato que no... Más o menos. En mi caso.

Otro Hombre. Tenía que enterrar a un niño.

Pausa.

Un Hombre y una Mujer. Estábamos de camino a las vacaciones, cargábamos con nuestras mochilas, el mapa, la guía de viaje —

El Hombre que tuvo sexo por la mañana. La vida —

Su humor cambia bruscamente. No tiene sentido autoengañarse.

La vida es triste.

Una Mujer. No —

Le toca.

La vida es hermosa.

EL HOMBRE QUE TUVO SEXO POR LA MAÑANA. Para nada.

Sacude la cabeza. Está a punto de llorar.

UNA MUJER. Él sacude la cabeza.

OTRA MUJER. No digas eso. Cosas así no deben decirse.

Pausa.

UNA MUJER. Pero ¿qué? — Pero ¿qué fue todo eso?

Alguien canta suavemente «Walk on By».

UN HOMBRE. ¿Como?

UNA MUJER. No sé — Todo eso —

EL HOMBRE QUE TUVO SEXO POR LA MAÑANA. Bueno, pues eso precisamente — Eso fue precisamente — Fue lo que fue — ¿Qué podría haber sido si no?

Silencio.

EL HOMBRE QUE TUVO SEXO POR LA MAÑANA. Todo eso —

UN HOMBRE. Fue como si sonaran cien canciones a la vez. Cien canciones. O más.
Miles de canciones.
Millones.
Millardos.
Todas las canciones de la radio, todas, a la vez.
Y de repente: todo se apagó.
Todo en silencio.

1

Un silbato.

Una taza se cae y se rompe en mil pedazos.

SALLY, UNA CAMARERA DE UNOS TREINTA AÑOS O MÁS. En ese momento sonaba en la radio «Bette Davis Eyes».

Antes habían dado otra canción.
Eso todavía lo recuerdo. Era «Don't Dream It's Over», de «Crowded House», aunque en el momento en que dejé caer la taza, podía oírse «Bette Davis Eyes».

Pausa breve.

Trabajaba en la cafetería de la estación, justo al lado de los raíles.

Pausa breve.

El gran reloj.
Las grandes manecillas en movimiento.

Pausa breve.

Los anuncios por megafonía en el andén.

Pausa breve.

«Bette Davis Eyes», precisamente.
Es una de mis canciones favoritas.
Y entonces se me cayó la taza.

Otra taza cae y se rompe en mil pedazos.

«Bette Davis Eyes».

Una Mujer. Eso ocurrió a las ocho y cincuenta y cinco y unos cuatro segundos.

Un Hombre. Unos cuatro segundos antes: ocho y cincuenta y cinco.
El silbato de un jefe de estación.

Silbato.

Una Joven. Cuatro minutos antes, ocho y cincuenta y uno: un hombre mira por la ventana.
Vive junto a la estación —

Un Hombre. El hombre vive justo al lado de la estación.

Silbato.

UN HOMBRE. Ocho y cincuenta y uno.

LA JOVEN. El hombre de la parte superior de la ventana vive justo al lado de los raíles. Se diría que los trenes pasan por su casa —

UN HOMBRE. Son las ocho y cincuenta y uno de una hermosa mañana de septiembre.
Quizá sea el último día del verano, piensa el hombre.

UNA MUJER. Es el último día del verano.

Pausa breve.

UN HOMBRE. ¿Qué suena en la radio?

UNA MUJER. En la radio suena «Don't Dream It's Over», esto es Radio 96.1, dice la locutora,

OTRA MUJER. Esto es Radio 96.1.

UN HOMBRE. Y allá en la cafetería de la estación suena la misma emisora y la misma canción —

OTRO HOMBRE. Ocho y cincuenta y uno —

Pausa breve.

UNA MUJER. Rápido, rápido, rápido, dice el padre a mujer e hijo, rápido, ya llega el tren —

UN HOMBRE. «Don't Dream It's Over».
Y, cuando termine la canción, empezará otra.

UNA MUJER. Eso será a las ocho y cincuenta y dos.

UN HOMBRE. Radio 96.1: Y aquí está Kim Carnes con «Bette Davis Eyes» —

UNA MUJER. «Bette Davis Eyes» fue número uno en treinta y un países.

UN HOMBRE. Y «Bette Davis Eyes» es una de las canciones favoritas de la camarera, Sally —

UNA MUJER. Y a las ocho y cincuenta y dos un tren entrará en la estación, y entonces Sally, la camarera de treinta y un años, dejará caer una taza unos tres minutos después — Alrededor de las ocho y cincuenta y cinco y unos segundos —

Una mujer se ata un delantal de camarera.

UN HOMBRE. Unos segundos antes: el silbato.

El silbato.

UN HOMBRE. Y de nuevo solo unas fracciones de segundo después, ante los ojos del hombre en lo alto de la ventana, el mundo estallará en llamas.

Pausa.

¿O eso fue antes?

Pausa. Alguien enciende un cigarrillo con una cerilla. La cabeza de la cerilla encendiéndose. Fuego y humo.

2

EL HOMBRE. A las ocho y cincuenta y dos entra el tren.

Uno de ellos se pone la ropa del hombre de la ventana: pantalones de entrenar, zapatillas, una camiseta interior.

UNA MUJER. Pero siguen siendo las ocho y cincuenta y uno.

OTRA MUJER. El gran reloj. Las grandes manecillas en movimiento.

UN HOMBRE. Rápido, rápido, rápido, dice el padre a mujer e hijo, ya llega el tren.

UNA MUJER. El hombre que se asoma a la ventana del piso contiguo a la estación está fuerte, sufre sobrepeso, finales de los cincuenta. Ha trabajado toda su vida con motores.
Riega las flores.

El hombre de la ventana riega las flores.

UNA MUJER. No, no riega las flores.

El hombre de la ventana no riega las flores. Deja la regadera y enciende un cigarrillo. La cerilla. Fuego, humo.

Es una de esas personas que ya de buena mañana fuman en la ventana abierta.

UN HOMBRE. Él fuma bajo el sol.

UNA MUJER. Desde su ventana, el hombre puede ver la estación, los raíles.

UN HOMBRE. Puede oír los anuncios por los altavoces de los andenes.

OTRO HOMBRE. Atención, andén 2, a las ocho y cincuenta y dos realiza su entrada el tren cuatrocientos veintiuno, procedente de —

Tono de señal.

UN HOMBRE. Llega a tiempo —

UNA MUJER. Son las ocho y cincuenta y dos, Radio 96.1: Y aquí está Kim Carnes con «Bette Davis Eyes», dirá la presentadora de radio en pocos momentos —

UN HOMBRE. Precaución en el borde de la plataforma —

Música.

UNA MUJER. Prisas.

OTRA MUJER. Pasos apresurados.

UNA MUJER. Sobre todo no pierdas el tren.

UN HOMBRE. ¿Qué hora es?

UNA MUJER. Casi son y cincuenta y dos.

HOMBRES Y MUJERES. En el borde del andén hay mujeres y hombres,
gente con maletas,
gente con mochilas, carteras, bolsas —

VARIOS. Son gente del todo común, gente como la que encontrarías de camino al trabajo una mañana del todo común a finales del verano.

UNA MUJER. O en un viaje hacia cualquier lugar.

VARIOS. Gente que va de aquí para allá.

UN HOMBRE Y UNA MUJER. Turistas.

Dos turistas con mochilas demasiado pesadas.

VARIOS HOMBRES. Trabajadores.

Trabajadores con la cara rota.

Hombres y mujeres. Familias.

Padre, madre, un niño. Maletas.

Una Mujer y un Hombre. Estudiantes.

Una Mujer. Empleados.

Varios. Alumnos, adolescentes, riendo —

Otros. Viejos —

Otros más. Jóvenes —

Una Mujer. Buen viaje y que tengan un buen día lo que queda de día, piensa el hombre que fuma arriba en la ventana.

Un Hombre. El hombre ve el tren que ahora llega a la ciudad, a lo lejos, como todos los días a esta hora.

Una Mujer. Menos los domingos.

Una Mujer. Casi, las ocho y cincuenta y dos.

Un Hombre. El tren brilla bajo el sol de la mañana.
Los raíles brillan bajo el sol de la mañana.

Un Hombre. La radio está encendida.

La canción. Algunos cantan el estribillo de «Don't Dream It's Over».

Un Hombre. La radio lleva encendida todo el día.

Suave bamboleo al ritmo de la música.

Una Mujer. Todavía suena «Don't Dream It's Over».

Un Hombre. El hombre mira el tren que brilla bajo el sol.

Pausa breve.

Una Mujer. De repente, el hombre en lo alto de la ventana piensa en Sleipnir.

Pausa breve.

Un Hombre. Sleipnir
es el caballo de Odín.

Pausa breve.

El caballo de Odín, Sleipnir, tiene ocho patas.

Pausa breve.

Un Hombre. Hay gente a la que no le gusta vivir en la estación.
A otros no les importa.
A menudo, las zonas de las estaciones no son buenas zonas.

Un Hombre. Es agradable ver los raíles. Brillan como una tela de araña en el rocío de la mañana.

Pausa breve.

Una Mujer. ¿Cómo se le ocurre al hombre lo de Sleipnir?

Una Mujer. ¿Por qué le viene ahora a la mente Sleipnir?

Pausa.

3

Solo.

Una mujer canta sola «Uuuu-hooo», «Uuuuu-hooo», el triste motivo de «Where Is My Mind» de los Pixies.

Al cabo de un rato, deja que el motivo module hacia una sirena de policía, luego vuelve al motivo original y, a continuación, el motivo vuelve a transformarse en la sirena.

En un momento dado, la mujer deja de cantar.

Mira al público, quiere decir algo, pero no dice nada.

Pausa.

4

Un Hombre. Todos al tren.

Una Mujer. Ocho y cincuenta y dos.

Un Hombre. Todos suben.

Muchos. Todos suben al tren.

Varios. Se llena el vagón.

Mujeres y hombres. Abrirse paso en el tren que se llena.

Una Mujer. Gente que va de aquí para allá.

Otros. Alumnos, estudiantes, adolescentes, niños —

Una Mujer. Turistas.
En las mochilas de los turistas: mapas y una guía de viaje, muy importante.

Pausa breve.

Un Hombre. Una familia.

Pausa breve.

Una Mujer. Una futura peluquera.

Un Hombre. Soy una chica de diecisiete años y escucho a Kati Melua.
Quiero ser peluquera.

Un Hombre. Un funcionario de unos cincuenta años.

Una Mujer. Soy un funcionario de unos cincuenta años y escucho a Iggy Pop.

Otra Mujer. Soy una *stripper* de treinta y seis años de Upsala.
Y creo en Dios.

Pausa.

De verdad.
Padre nuestro que estás en los cielos —

La Mujer/Funcionaria administrativa. *(Canta.) «I am the passenger».*

Un Hombre. Un topógrafo.

Una Mujer. La topografía es una profesión tan infinitamente aburrida, sobre todo en un país donde hay tanto espacio.

Un Hombre. No, no, no puedes pensar eso. Pero eso no es cierto para nada.

Una Mujer. Para nada se puede medir un país —

Pausa breve.

Otra Mujer. Un país cambia todo el tiempo — Todo el tiempo —

Pausa breve.

Un Hombre y una Mujer. Dos amantes secretos, él sube a la parte delantera del vagón; ella, a la trasera; se encuentran en medio del tren, como por casualidad.

Pausa breve.

Un Hombre. Un policía.

Pausa breve.

La Mujer. De camino al trabajo, el administrador escucha a Iggy Pop cada mañana.
Trabajo en la administración, ahí en —

Pausa breve.

Un Hombre. El policía visitó a su hermano ayer aquí —

Pausa breve.

Una Mujer. Un sacerdote. En una ciudad vecina hay que enterrar a un niño de seis años.

Pausa breve.

Otra Mujer. Un hombre joven del sudeste.

Un Hombre. De Kabul.

Pausa breve.

UN HOMBRE. Una mujer de Bolivia.

UNA MUJER. La mujer de Bolivia dejó a sus hijos en La Paz para cuidar de los hijos de otras personas, aquí —

Pausa breve.

OTRA MUJER. Un anciano. Casi un vejestorio. Rico hasta decir basta.

UN HOMBRE. Un anciano con una gran bolsa de deporte, que pone en el pasillo.

OTRO HOMBRE. El anciano vivió las circunstancias más pobres, pero se hizo muy rico, muy muy rico, y luego sonaba un «El Mesías» de Haendel en la radio aquella mañana, porque la señora de la limpieza cambió la emisora el día anterior.

UNA MUJER. ¿Qué es la riqueza?, pensó de repente el anciano.

Pausa breve.

EL HOMBRE QUE TUVO SEXO ESA MAÑANA. Un hombre con una sonrisa de satisfacción —

Pausa breve.

LA MUJER. Eso en toda su vida no se lo había planteado jamás: ¿qué es la riqueza?

UN HOMBRE. Una muchacha, toda de negro, tatuajes, *piercings*, pendientes, auriculares: música a todo volumen. Los Pixies.

Pausa breve.

OTRO HOMBRE. Una mujer que engaña a su marido, desde hace meses, con su mejor amigo —

Pausa breve.

UN HOMBRE Y UNA MUJER. Dos estudiantes.

Pausa breve.

UNA MUJER. Un hombre que discutió con su mujer la noche anterior.

UN HOMBRE. ¿Qué hora es?

UNA MUJER. Ocho y cincuenta y cinco.

UN HOMBRE. El silbato. El tren está a punto de salir.

El silbato.

5

UNA MUJER. Ocho y cincuenta y cinco, una mujer joven salta del taxi, corre, tiene que coger el tren, pero va muy justa, demasiado justa: ¿por qué? A causa de la alergia —es alérgica a tantas cosas— los médicos hacía años que no saben qué puede hacer al respecto, y de repente, una mañana, sintió unos calambres y no pudo respirar, y por ello no pudo salir de casa, y por ello no pudo coger el autobús, y finalmente tomó cuatro pastillas de golpe y pidió un taxi, pero llega demasiado tarde, corre por el andén,

El silbato.

pero el tren acaba de ponerse en movimiento.

6

MUCHOS. Dos minutos antes: carteras, maletas, agolpamiento.

UNA MUJER. El gran reloj.

UN HOMBRE. Las grandes manecillas del reloj.

UNA MUJER. El policía.

EL HOMBRE. De resaca. El policía visitó ayer a su hermano. Vodka.

Pausa breve.

Deep Purple.

Pausa breve.

Habían estado escuchando Deep Purple.

Tararea «My Woman from Tokio». O «Smoke on the Water».

UNA MUJER. El policía mira por la ventana y ve a una mujer que corre en vano detrás del tren, que ya partió.

OTRA MUJER. Lástima, piensa él, el policía de resaca, quizás ella hubiera sido la mujer de mi vida —

EL POLICÍA. Quizás ella hubiera sido la mujer de mi vida —

UNA MUJER. La mujer, sin aliento, en el andén, persigue con la mirada el tren que ya partió. Niega, incrédula, con la cabeza.

OTRA MUJER. Sin embargo, para entonces ya son las ocho y cincuenta y cinco, en la radio suena «Bette Davis Eyes» — Y de un momento a otro —

UN HOMBRE. Cae la taza de café —

UNA MUJER. De un momento a otro el mundo se desgarrará.

Pausa breve.

UN HOMBRE. El anciano, que a lo largo de su vida se ha vuelto más que rico. Él mira sus manos.

UNA MUJER. Dos minutos antes: ocho y cincuenta y tres.

Pausa breve.

UNA MUJER y UN HOMBRE. Una familia con un hijo. El niño quiere saber —

Pausa breve.

UN HOMBRE. Quizá todo estaba mal, pensó el anciano.

Pausa breve.

UNA MUJER. Cada mañana de camino al trabajo escucho a Iggy Pop.

Pausa breve.

EL HOMBRE. Una vida entera viviendo equivocadamente.

Pausa breve.

UN HOMBRE. Estamos tan solos, había pensado el policía, mi hermano y yo estamos solos, pero, cuando nos vemos, solo bebemos y escuchamos Deep Purple y no tenemos nada que decirnos: ¿por qué? —

OTRO HOMBRE. Los dos estudiantes — En este caso, son una mujer joven y un hombre joven, en este caso, su novio —

UNA MUJER. *(Se pone unas gafas gruesas.)* La estudiante empieza a parlotear, parlotea más y más, dice: entonces las leyes de la comedia romántica —

OTRA MUJER. Entonces las leyes de la comedia romántica —

UN HOMBRE. Detrás de los dos estudiantes, un hombre, que discutió con su mujer la noche anterior —

LA ESTUDIANTE. Entonces las leyes de la comedia romántica —

EL ESTUDIANTE. ¿Qué leyes?

Pausa breve.

UN HOMBRE. Qué discusión tan ridícula, piensa el hombre sentado detrás de los dos estudiantes. Qué noche tan horrible.

Pausa breve.

UNA MUJER. Qué leyes, pregunta el novio de la estudiante; él no entiende lo que ella quiere decir.

Pausa breve.

UNA MUJER. Escucho a Iggy desde siempre. Forma parte de mi vida. A veces pienso que esto también es un poco triste.

UN HOMBRE. La chica de diecisiete años, que escucha a Kati Melua, se dirige a una entrevista de trabajo.

Serio.

Quiero aprender a ser peluquera y escucho a Kati Melua.

Pausa breve.

UNA MUJER. Iggy mola. Aunque quizá Iggy sea también un idiota total. Quién sabe.

Pausa breve.

Una Mujer. ¿Qué leyes?, pregunta el estudiante.

El Hombre / La futura peluquera. Nueve millones de bicicletas.

Un Hombre. Sí, claro, responde su novia, sí, por supuesto, claro, cada género tiene sus leyes —

El Estudiante. ¿Género?

El hombre / La futura peluquera canta en voz baja.

La Estudiante. Género, sí, género, ¿no sabes lo que es un género?,

El Estudiante. Bueno —

Pausa breve.

El Viejo. Casi toda una vida moviendo dinero. De aquí para allá.

Pausa breve.

Una Mujer. Una discusión tras la cual todo ha quedado destruido. Todo en ruinas, piensa el hombre. Se acuerda de cada palabra. Y se acuerda de que la radio no paraba de sonar.

Pausa breve.

Un Hombre (El Policía). Mi hermano y yo estamos ahí sentados, bebemos, y mi hermano dice: deberíamos vernos más a menudo.

Una Mujer. Entonces, dice el estudiante, algo perplejo, pero, sí, género, sé lo que es un género, y aun así —

Un Hombre. Entonces, sí, género,
sé lo que es un género, y aun así —

Una Mujer. Ocho y cincuenta y tres.

Un Hombre. Un único hombre con una bolsa de deporte encuentra sitio en medio del vagón.

Una Mujer. Encuentra un asiento junto a la ventana, desde la que puede ver la cafetería de la estación. Ve a la camarera, Sally, quien en pocos instantes dejará caer una taza.

Un Hombre. En la ventana de la cafetería del andén se refleja el tren, en el reflejo, el hombre de la bolsa de deporte se ve a sí mismo detrás de la ventana del tren, en la que a su vez se refleja la cafetería de la estación, y detrás de la ventana de la cafetería de la estación está Sally, la camarera.

Una Mujer. Son las ocho y cincuenta y tres, y en la radio, allá, en la cafetería del andén, ahora suena Kim Carnes: «Bette Davis Eyes».

Sally. Mi canción favorita.

Una Mujer. Radio 96.1: Y aquí está Kim Carnes con «Bette Davis Eyes» —

Pausa breve.

Un Hombre. Sleipnir, el destructor de ocho patas, piensa el hombre, en el piso junto a la ventana.

Pausa breve.

Un Hombre. ¿Cuantos segundos faltan todavía?

Pausa breve.

Una Mujer. En los auriculares de la joven toda de negro: Los Pixies.

Un Hombre. El sonido de la música de los auriculares.

Música de los auriculares.

La Estudiante. No sabes lo que es un género —

El Estudiante. Sí, yo, yo no sé —

La Estudiante. Un género es la categoría, ¿entiendes?, hay dramas y tragedias y comedias, y luego también están los subgéneros, la tragedia cómica y la comedia trágica y el drama social y la comedia romántica —

El Estudiante. ¿Qué es una comedia romántica?

La Estudiante. Eso es lo que intento explicarte, pero simplemente no me dejas acabar —

El Estudiante. Pero si yo no —

Pausa.

Un Hombre. Casi todos los asientos del vagón están ocupados.

Una Mujer. Administración: si me preguntaran qué significa eso en realidad — Ni siquiera podría decirlo — Ni siquiera podría decir qué es en realidad — De verdad que no.

Silbato del jefe de estación.

Una Mujer. A las ocho y cincuenta y cinco el tren se pone en movimiento —

Pausa breve.

Un Hombre. Como una caravana —

Pausa breve.

Una Mujer. Como un enorme barco, que parte —

Pausa breve. Breve detenerse del grupo. Aquello que ocurre después de las ocho y cincuenta y cinco, nadie quiere contarlo.

Un Hombre. Pero todavía son las ocho y cincuenta y tres, faltan siete minutos para las nueve —

Pausa breve.

Otro Hombre. Sleipnir, piensa el hombre de la ventana, el destructor, Sleipnir es un imponente caballo de ocho patas, enorme, que galopa por aire y allá donde sus cascos pisan la tierra todo se destruye —

Una Mujer. Sally, la camarera, sirve café, en la radio suena «Bette Davis Eyes» de Kim Carnes, y entonces — Y entonces —

Pausa breve.

Otra Mujer. El hombre arriba en la ventana bajo el sol de la mañana cierra los ojos. Cabalga sobre Sleipnir.

Un Hombre. El hombre de la ventana extiende los brazos con los ojos cerrados.

El hombre de la ventana extiende los brazos con los ojos cerrados.

UNA MUJER. El hombre cabalga sobre Sleipnir, el caballo de ocho patas.

El hombre cabalga sobre Sleipnir.

UNA MUJER. Es un chaman.

Canto de un chaman. Quizá cante todo el grupo. Mientras tanto:

UNA MUJER. — Y entonces Sally levanta la vista, y mientras está allí de pie, con la taza de café en la mano, mira por la ventana de la cafetería, y su mirada se encuentra con la mirada de un hombre, quien está sentado en la ventanilla del tren que se aproxima, mirándola.

UN HOMBRE. Sus miradas se cruzan; a través de los cristales reflectantes de la cafetería y del tren, sus miradas se encuentran.

OTRO HOMBRE. Lo cual de hecho no puede ser —

SALLY. Pero así fue — Exactamente así.

El hombre al galope.

UN HOMBRE. Este es el último día del verano.

OTRO HOMBRE. Desde el tren que se aproxima, el policía ve demasiado tarde a la mujer que corre hacia el andén. Quizá hubiera sido la mujer de mi vida, piensa. Quizá esta mujer hubiera sido el fin de la soledad.

UNA MUJER. Y entonces a Sally se le cae la taza, la taza se hace añicos, y con ella, el mundo de ahí fuera, frente al cristal de la ventana de la cafetería de la estación, se hace añicos, revienta y se incendia.

La taza cae y se hace añicos.

Pausa. Silencio. Una cerilla es encendida y arde.

7

Desde el silencio:

SALLY. «Bette Davis Eyes»: esta es mi canción favorita. Esta es mi canción favorita desde que tengo uso de razón.

Pausa.

Siempre quise ser como la mujer de la canción — Como la mujer descrita en la canción. Tan pura como la nieve en Nueva York.

Pausa.

Una mujer que vuelve locos a los hombres.

Sally baila y canta la canción sin acompañamiento.

De repente está cubierta de sangre, pero no se da cuenta y sigue cantando.

UNA MUJER. El hombre de arriba en la ventana tiene los ojos cerrados. Suena la radio.

UN HOMBRE. A galope por el cielo.

8

UNA MUJER. Un minuto antes: ocho y cincuenta y cuatro.

Pausa breve.

UN HOMBRE. Ojalá que la entrevista de trabajo en la peluquería salga bien. Ojalá, ojalá, piensa la joven de diecisiete años que escucha a Katie Melua.

UNA MUJER. La *stripper* de Upsala, que ha encontrado un asiento junto a la ventanilla en el atestado vagón, recuerda que tiene que comprarle un regalo de cumpleaños a su hijo de cinco años. A su lado, un hombre lee un libro con caligrafía árabe.

UNA MUJER. La *stripper* es una mujer religiosa, piensa en ir a la iglesia el domingo — Padre nuestro que estás en los cielos.

Alguien empieza a cantar una canción de iglesia. «A Mighty Fortress is Our God», por ejemplo.

UNA MUJER. La *stripper* está cansada, ha trabajado muchas horas, le gustaría dormirse enseguida, sin embargo, ensimismada, continúa mirando desde el tren.

Un Hombre. Gabriel, piensa un hombre joven que está sentado junto a la *stripper*, y que está leyendo un libro con caligrafía árabe en el tren que está a punto de irrumpir, Gabriel, el arcángel, le llevó a Mohammed un caballo alado, Al-Buraq —

Una Mujer. El domingo en la iglesia.

Otra Mujer. El cumpleaños del niño.

Un Hombre. Al-Buraq, y en ese caballo Mahoma voló a Jerusalén y desde allí ascendió al cielo, y allá en el cielo se encontró con Abraham y con Moisés y con Jesús —

Un Hombre. Ocho y cincuenta y cuatro.

Un funcionario escucha «Passenger» de Iggy Pop. Un policía tararea Deep Purple.

Una Mujer. La *stripper* mira por la ventanilla del tren, ve a un hombre en la ventana de una casa fumando bajo el sol de la mañana, con su camiseta interior.
Un obrero, piensa la *stripper*, seguro que antes trabajaba en la fábrica de motores, el tipo de hombre que va al Crazy Horse Bar, donde ella trabaja, pero no conoce al hombre.

Una Mujer. El hombre a galope por el cielo.

Un Hombre. Vuela por el cielo.

Otro Hombre. Ocho y cincuenta y cuatro.

Pausa.

Un Hombre. Un hombre con una sonrisa de satisfacción.

Pausa.

Otro Hombre. Un hombre con una expresión amarga en el rostro. Tuvo una pelea con su esposa anoche, y ahora —

Pausa.

Otro Hombre. Con todo, el hombre joven, que lee el libro árabe, no puede concentrarse adecuadamente —

Pausa.

Un Hombre. Un sacerdote de camino a un pueblo vecino, allí va a enterrar a un niño de seis años, y piensa: Dios nos ha abandonado hace mucho tiempo y, si no hay Dios, entonces ni la vida ni la muerte tienen sentido —

Una Mujer. Padre nuestro que estás en los cielos —

Otra Mujer. ¿Por qué no puede el joven concentrarse?

Un Hombre. El hombre de la sonrisa satisfecha piensa en su mujer, con la que hoy ha hecho el amor a la luz del sol de la mañana —

Una Mujer. La muerte del niño no tiene — No alberga ninguna clase de sentido — Al sacerdote no se le ocurre la palabra adecuada, el pensamiento se le escapa, y al mismo tiempo lo llena de una frialdad horrible —

Un Hombre. Hacía mucho tiempo que no lo hacían. Fue precioso.

Una Mujer. ¿Cómo?

Un Hombre. Hacer el amor bajo el sol de la mañana, hacía tiempo que no lo hacían.

Pausa breve.

Otro Hombre. En realidad, el joven del libro está pensando en algo muy distinto de Al-Buraq.

Pausa breve.

Una Mujer. Ocho y cincuenta y cuatro.

Pausa breve.

Otra Mujer. El joven piensa en la culpabilidad y en la inocencia.

Pausa breve.

Una Mujer. La mujer de Bolivia piensa en La Paz. Piensa en sus hijos.

Pausa breve.

Un Hombre. El anciano, pronto un vejestorio, piensa: con cada minuto que vivo, me hago más rico.

Pausa breve.

Una Mujer. No se puede medir un país, por eso precisamente tenemos que medirlo una y otra vez, se desplaza, casi se puede ver cómo lo hace —

Pausa breve.

Un Hombre. ¿Por qué no vivimos al menos en la misma ciudad?, había preguntado el hermano del policía — Deep Purple ya estaba sonando, como siempre que se encontraban.

Pausa breve.

Una Mujer. Si me preguntaran qué es la administración, ¿qué respondería? —

Pausa breve.

Una Mujer. Una mujer que lleva meses engañando a su marido quiere escribir un mensaje.

Otra Mujer. Querido Peter, ayer Karl leyó todos nuestros mensajes.

Pausa breve.

9

Una Mujer. Sally canta detrás del mostrador de la cafetería de la estación, lentamente pasa el tren junto a ella, lo ve coger velocidad infinitamente despacio, a través de dos cristales, la mirada de un desconocido se había encontrado con la suya, y Sally siempre había pensado que en alguna ocasión se enamoraría a primera vista.

Sally canta.

Una mujer canta: «Yo soy el Pasajero».

Una mujer canta un fragmento de una canción de los Pixies: uuuuuhoo. Otras personas cantan otras canciones.

Cada miembro del grupo canta su propia canción.

Entonces: silencio repentino. Todo fuera.

10

UN HOMBRE. El sacerdote mira por la ventanilla del tren que se aproxima, y ve a cuatro jinetes entre las nubes del cielo.

Pausa breve.

OTRO HOMBRE. Ocho y cincuenta y cuatro.

UN HOMBRE. El sol en los raíles, que conducen hacia la lejanía, el sol en el techo del tren,
en el techo de la estación,
el sol, que se refleja en las ventanas —

OTRO HOMBRE. Quizás este es el último día del verano —

UNA MUJER. El gran reloj.
Las grandes manecillas del reloj en movimiento —

OTRO HOMBRE. Entre las nubes, cuatro jinetes.

UNA MUJER. Son las ocho y cincuenta y cinco.

UN HOMBRE. Y entonces —

Pausa breve. Silbato.

UNA MUJER. Y entonces —

Pausa breve.

UNA MUJER. En ese momento, una manada de antílopes atraviesa el vagón.

Pausa breve.

UN HOMBRE. Y alguien toca la trompeta.

Pausa breve.

UN HOMBRE. Cientos de peregrinos preguntan si todavía queda alguna plaza libre.

UNA MUJER. Y ahí hay —

Pausa breve.

Elefantes indios.

Pausa breve.

OTRA MUJER. Miles de ciclistas de Saigón atraviesan el tren.

Un timbre de bicicleta.

UN HOMBRE. Toda una cola de apicultores preocupados buscan sus colonias de abejas.

Pausa breve.

UNA MUJER. Diez multimillonarios buscan petróleo.

Pausa breve.

UN HOMBRE. Varias mujeres dan a luz.

Pausa breve.

OTRO HOMBRE. Un grupo de piratas somalíes pide el horario de trenes.

OTRO HOMBRE. Ahí hay monjes tibetanos.

UNA MUJER. Y comerciantes de diamantes de Amberes.

UN HOMBRE. Un aguador sale a vender.

UNA MUJER. Los flamencos vuelan.

Pausa breve.

UN HOMBRE. Ballenas.

Pausa breve.

Una Mujer. Tamborileros.

Otra Mujer. Alguien está vendiendo perritos calientes.

Pausa breve.

Un Hombre. Arroceros.

Pausa breve.

Una Mujer. Recolectores de algodón.

Pausa breve.

Un Hombre. Una procesión de mujeres con velo.

Pausa breve.

Una Mujer. Soldados, armados hasta los dientes.

Pausa breve.

Otra Mujer. Inuits —

Pausa breve.

Un Hombre. Hormigas.

Pausa breve.

Una Mujer. Cuervos.

Pausa breve.

Un Hombre. Un enjambre de mariposas.

Un Hombre. Un grupo de modelos fotográficas cruza el pasillo del vagón sobre tacones altos.

Una Mujer. Y una tropa de parlamentarios se precipita por el tren; detrás de ellos, periodistas, cámaras, micrófonos —

Una Mujer. Fundidores de acero —

Pausa breve.

E informáticos con almuerzos para llevar —

Un Hombre. Corredores de maratón, un keniano al frente —

Pausa breve.

Una Mujer. Niños.

Pausa breve.

Otra Mujer. Mineros.

Una Mujer. Enfermeras.

Una Mujer. Un solo vendedor de rosas de Bangladesh.

El silbato.

Una Mujer. Y Sally deja caer la taza de café porque se encuentra con la mirada de un extraño —

Larga pausa.

11

Una Mujer. Yo — Yo tenía Chopin en la cabeza.

Otra Mujer. Ocho y cincuenta y cinco.

Pausa breve.

Una mujer corre hacia el andén y pierde el tren que se aproxima. Sacude la cabeza.

Pausa breve.

Un Hombre. «Afterglow» de Genesis. ¿Alguien lo conoce?

Pausa breve.

El Hombre. ¿No? ¿Nadie lo conoce?

Encogimiento de hombros.

OTRO HOMBRE. Ocho y cincuenta y tres —

UN HOMBRE. ¿O son las ocho y cincuenta y cuatro?

UNA MUJER. Qué sentido tiene, se pregunta la *stripper* cansada, qué sentido tiene contemplar cómo una mujer ya no tan joven se desnuda lentamente, exponiendo cada vez más su cuerpo mientras suena música, por ejemplo, «Bette Davis Eyes». Entonces, la mirada de la *stripper* se posa en el libro que tiene entre las manos el hombre a su lado. Ve una ilustración.

OTRA MUJER. Ve un caballo con alas.

OTRA MUJER. Sin embargo, el caballo tiene cara de mujer.

UN HOMBRE. Al-Buraq.

OTRO HOMBRE. El hombre joven sigue con el libro abierto en la mano, aunque hace tiempo que ya no lee nada en él. No puede concentrarse. Sabe que la noche anterior, su vida cambió para siempre.

UNA MUJER. Estaba en un bar —

UN HOMBRE. El diablo sabe cómo se metió ahí —

OTRO HOMBRE. Y él nunca antes estuvo en un bar como este, es decir, en un bar como este, nunca —

UNA MUJER. El hijo de la *stripper* cumple años pronto y quiere una figura de plástico, un caballo alado.

UN HOMBRE. Y para entonces había comenzado a sonar una canción, y luego una mujer subió hasta un pequeño escenario y —

Pausa breve.

Entonces al hombre le pareció como si él y la mujer estuvieran volando por el cielo —

Striptease.

Campanas de iglesia.

Llamado a la oración.

Pausa. Reflexión. Renovada perplejidad.

Una Mujer. ¿Qué clase de imagen es esta?, le pregunta la mujer al hombre que tiene el libro abierto en el asiento de al lado —

Una Mujer. ¿Qué clase de imagen es esta?

Un Hombre. Eso, eso — El joven se sobresalta —

Otro Hombre. Eso, eso —

Un Hombre. Solo ahora se da cuenta de que la mujer que está a su lado es la mujer del bar de ayer —

Pausa.

Un Hombre. Se sonroja.

Una Mujer. Y la mujer que está a su lado sonríe.

Alguien enciende una cerilla.

El silbato.

12

Una Mujer. ¿Cuánto tiempo pasa desde que la taza resbala de la mano hasta que toca el suelo de baldosas de la cafetería de la estación? ¿Cuánto tiempo es eso?

Un Hombre. ¿Un segundo?

Una Mujer. ¿Ni siquiera un segundo?

Un Hombre. Una topógrafa mide la distancia de la mano de la camarera al suelo con un metro plegable.

La topógrafa mide la distancia de la mano de la camarera al suelo con un metro plegable.

Una Mujer. ¿Cómo se calcula?

13

Un Hombre. Dos minutos antes: ocho y cincuenta y tres.

Una Mujer. La gente en el vagón.

Un Hombre. Un hombre que hace apenas dos horas hacía el amor con su mujer; en el rostro, una sonrisa de felicidad.

Una Mujer. Se habían despertado y luego se habían amado apasionadamente.

Pausa.

Una Mujer. Técnicamente, es probable que solo se trate de una fracción de segundo.

Pausa breve.

Un Hombre. Las estrellas vuelan por el firmamento.

Pausa breve.

Una Mujer. El sol se pone y sale, se pone y sale —

Pausa breve.

Un Hombre. Se alzan pirámides, torres, palacios y templos —

Pausa.

Una Mujer. Este puede ser el último día del verano —

Pausa.

Una Mujer. Querido Karl —

Pausa breve.

Una Mujer. Una mujer que engaña a su marido con su mejor amigo, y anoche él encontró los mensajes, lo descubrió todo, y la despertó en mitad de la noche, eso fue a las tres y media, y luego se discutieron y se gritaron, y ahora ella quiere escribirle: Querido Karl —

Otra Mujer. Querido Karl, no sé qué —

Otra Mujer. Pero no se le ocurre nada, simplemente no sabe qué puede escribirle —

Una Mujer. No sé qué puedo —

Otra Mujer. De modo que le escribe a su amante: querido Peter, anoche Karl descubrió todos nuestros mensajes.

Un Hombre. Ocho y cincuenta y cuatro.

Una Mujer. Ese fue posiblemente el momento más amargo de su vida, le dijo él a ella, nunca había amado a una mujer como ella, y ella había reído a carcajadas.

La mujer ríe.

En resumen: el vals de Chopin.

Una Mujer. Una mujer joven, toda de negro, ojos maquillados de negro, pendientes, *piercings*, tatuajes, anoche vio diez capítulos seguidos de una serie, y ahora no oye en su cabeza sino un zumbido y voces mal sincronizadas, que trata de apagar con música.

Un Hombre (El Sacerdote). Música de auriculares.

Música de auriculares.

Una Mujer. Pero ella oye las voces de todos modos, y no puede olvidar las imágenes de la serie de diez capítulos —

Otra Mujer. Si bien le encantaría olvidarlas —

Un Hombre. Junto a ella, el sacerdote, que ve a los cuatro jinetes en el cielo.

Otro Hombre. Eso ocurrió a las ocho y cincuenta y tres,

Una Mujer. A los cuatro jinetes en las nubes los vio a las ocho y cincuenta y tres —

Otra Mujer. El gran reloj.

Un Hombre. Las grandes manecillas del reloj.

Una Mujer. En la radio: «Bette Davis Eyes».

Pausa.

Un Hombre. ¿Por qué? —

Pausa.

¿Por qué no pueden ser simplemente las ocho y cincuenta y cinco?

Pausa breve.

UNA MUJER. Demasiado lejos.

Pausa breve.

UNA MUJER. Demasiado complicado.

Pausa breve.

UN HOMBRE. Ocho y cincuenta y uno: «Don't Dream It's Over».

Algunos cantan el estribillo.

OTRA MUJER. La chica de los ojos maquillados de negro piensa en el capítulo con las manecillas haciendo tic tac; rescate en el último segundo —

LA ESTUDIANTE. Sí, hay leyes, leyes dramatúrgicas, dice la estudiante.

Una mujer se pone unas gafas gruesas.

Exacto, leyes, leyes dramatúrgicas, por ejemplo, la ley de la resistencia — O la ley de los contrarios —

UN HOMBRE. ¿La ley de los contrarios?, pregunta su novio.

LA ESTUDIANTE. Sí, exacto, o sea que se junten dos que en realidad no encajan.

Pausa breve.

UN HOMBRE. Detrás de los dos estudiantes, en el vagón, está sentado un hombre que la noche anterior había discutido con su mujer, discutieron horriblemente,

OTRO HOMBRE. Qué noche tan espantosa —

Pausa breve.

LA ESTUDIANTE. De modo que ahí está la gracia —
En los contrarios, y eso resulta cómico, y eso es romántico —

UN HOMBRE. Y luego corrió hasta el primer piso —

UNA MUJER. Mientras que ella, su mujer, se quedaba abajo en la cocina y le gritaba: ¿y qué quieres hacer ahora?

UN HOMBRE. Y en medio de eso la radio sonaba y sonaba —

OTRA MUJER. *(Grita.)* ¿Y qué quieres hacer ahora?

Pausa breve.

UNA MUJER. La chica de los ojos maquillados piensa en el capítulo de la escalera: no hay salida, no hay salida alguna, y entonces —

Pausa breve.

OTRA MUJER. Y luego volvió a bajar las escaleras con el jarrón a rayas blancas y negras de cristal, hecho a mano, de Murano, Venecia, donde habían pasado su luna de miel.

UN HOMBRE. — Y luego había levantado el jarrón por encima de su cabeza y había gritado: ¿quieres saber lo que hago ahora?

LA ESTUDIANTE. No sé, imagínate a dos personas que no encajan para nada y que no tienen nada que ver la una con la otra, y que a lo mejor ni siquiera se gustan, o que incluso se odian, y entonces, entonces se convierten en pareja, ¿no es genial?, se convierten en pareja, con todo en contra. Un sacerdote y una punki, por ejemplo, o una *stripper* y un, un —

UNA MUJER. Él había levantado el jarrón por encima de su cabeza y había gritado: «¿Quieres saber lo que voy a hacer ahora?».

UN HOMBRE. *(Grita.)* ¿Quieres saber lo que voy a hacer ahora?
ESTO voy a hacer ahora.

OTRO HOMBRE. — Y luego había tirado el jarrón al suelo y este se había roto en mil pedazos —

UNA MUJER. La muchacha piensa en aquel capítulo, en la que estalla la fachada entera de un rascacielos —

UN HOMBRE. Y la mujer, que vio los pedazos rotos en el suelo, había dicho, a la mierda, de todos modos, nunca deberíamos haber ido a Venecia, qué idea tan absurda, nunca encajamos —

OTRO HOMBRE. Y todo el tiempo sonaba en la radio — «If you're going to San Francisco».

UNA MUJER. A la mierda, de todos modos, nunca deberíamos haber ido a Venecia, qué idea tan absurda, tú y yo en realidad nunca encajamos —

LA ESTUDIANTE. Que personas que no pegan, que simplemente no encajan, se conozcan — Esa es exactamente la idea de la comedia romántica —

UN HOMBRE. Como nosotros, dice el estudiante. Nosotros tampoco encajamos.

EL ESTUDIANTE. Como nosotros, tampoco encajamos.

LA ESTUDIANTE. Gracioso, qué gracioso.

UNA MUJER. Dice la estudiante.

EL ESTUDIANTE. Bueno, quizá llegue un día, en el que nos digamos que simplemente no encajamos.

LA ESTUDIANTE. No lo has entendido —

EL ESTUDIANTE. ¿Qué?

LA ESTUDIANTE. De qué va la comedia romántica — No lo has entendido.

EL ESTUDIANTE. Creo que se trata de personas que no encajan porque son demasiado diferentes —

LA ESTUDIANTE. Sí, pero en las comedias románticas se juntan de todos modos, ¿entiendes?

Pausa breve.

UNA MUJER. Y luego estaba el hombre que ahora está sentado detrás de los dos estudiantes en el tren.

UN HOMBRE. El hombre que había destrozado el jarrón —

OTRO HOMBRE. Yo —

UN HOMBRE. Yo había salido corriendo de la casa hacia la orilla, y la mujer había pensado:

UNA MUJER. Ahora se suicida, y entonces ella había ido tras él —

UNA MUJER Y UN HOMBRE. — Y finalmente ambos estaban el uno junto al otro a la orilla del agua.

UN HOMBRE. Era una de esas noches claras y estrelladas —

Una Mujer. Y permanecieron en silencio mucho tiempo.

Pausa breve.

La pareja silenciosa junto al lago.

Ambos. Y entonces ambos habían vuelto juntos a la casa, y ambos habían sabido que se había acabado. Que simplemente no pegaban.

Pausa.

Una Mujer. ¿De qué iba de hecho la discusión?

Pausa.

Otra Mujer. Oh — Aquello se había ido poniendo en claro, de hecho, desde hacía mucho — Simplemente ellos eran — Simplemente, demasiado diversos —

Una Mujer. Y todo el tiempo la radio seguía encendida — Cuando él rompió el jarrón, sonaba «If you're going to San Francisco».

Sacudida de cabeza.

Un Hombre. Y el hombre está sentado en el tren esa mañana, justo al lado de la puerta, y piensa en la noche anterior, y tiene esta canción en su oído —

Otro Hombre. Y eso que en realidad no le gusta esa canción, y tampoco ha estado jamás en San Francisco.

Un Hombre. Y él le da vueltas a que todavía podrían arreglar las cosas, él y su mujer, a pesar de ser tan diversos y, entonces, casi tiene que reír, porque oye todo el rato a la estudiante y a su novio charlar en los asientos de enfrente —

La Estudiante. — Acerca de la comedia romántica —

Todos. Ocho y cincuenta y cuatro —

Un Hombre. — Y acerca de que en las comedias románticas siempre juntan gente muy diferente, sí —

El Estudiante. Sí, esa es la idea —

La Estudiante. Sí —

Un Hombre. Sí — Y entonces — O sea, su último pensamiento, su último pensamiento en absoluto es — O fue — Que, después de todo, quizás todo se acabaría arreglando, y que tenía previsto sorprender a su mujer con un regalo realmente loco.

Una Mujer. ¿Qué tipo de regalo?

Pausa breve.

Un Hombre. Quería regalarle un caballo.

Una Mujer ríe.

Una Mujer. ¿Un caballo?

Un Hombre. Un caballo. Sí.

Una Mujer. ¿Qué tiene que ver un caballo con todo esto?

Un Hombre. Nada. Nada de nada. Tal vez ese fuera el sentido del regalo. O cuanto menos ese habría sido el objetivo de este regalo.

Un Hombre. Pero ¿ella sabe montar?

Un Hombre. No. Pero él sí. De niño, montaba a pelo. Cuando sus padres todavía vivían, en Kurdistán.

14

Un Hombre. El viejo, quién de tan rico gana su dinero mientras duerme, como un niño: cara sucia, uñas negras. Pobreza en el campo.

Una Mujer. La niña de los ojos maquillados de negro y de los auriculares seseantes con seis años en un bosque. Cree que es un elfo. No: *es una* elfo.

Un Hombre. El sacerdote, siete años. Un partido de fútbol en la calle, a primera hora de la noche, en breve la cena será servida. Su equipo pierde por goleada.

Sudor.

Una Mujer. La mujer que dejó a sus hijos en Bolivia, de niña. Tierra yerma. Hace frío.

Frío.

Una Mujer. El auxiliar administrativo de niño. Miedo al profesor de matemáticas.

El niño se orina en los pantalones.

Una Mujer. La *stripper* de Upsala de niña, su abuelo le pregunta: ¿sabes qué quieres ser de mayor?

Un Hombre. El policía de niño, junto a su hermano. Ambos están demasiado gordos.

Dos polos.

Una Mujer. La camarera Sally, de niña: clases de *ballet.*

Ballet.

Un Hombre. La joven que quiere ser peluquera de niña. Una película de cuentos de hadas en la televisión. Ojos como platos.

Una Mujer. La topógrafa de niña: quiere un metro plegable por su cumpleaños.

Un metro plegable.

Un Hombre. El chico del caballo. Atardecer. A lo lejos, las montañas.

15

Una Mujer. Bueno, de nuevo el tema comedia, dice la estudiante, eso es muy importante, la resistencia, los diferentes orígenes, los diferentes intereses también —

La Estudiante. Imagínese, él, por ejemplo, él, por supuesto que también podría ser la mujer, pero creo que es mejor si él es un «él», o sea él, él quiere volar algo por los aires, y tal vez con él dentro, y esa misma mañana se encuentra con ella —

Una Mujer. Y son extraños el uno para el otro, no se soportan, y a la vez de alguna manera sí se soportan, y entonces él ya no quiere volarse más la cabeza —

Un Hombre. Porque se enamoró — De repente, a primera vista —

La Estudiante. Pero es demasiado tarde, o no es demasiado tarde, pero solo si ella le ayuda a desactivar la bomba, y eso cuéntaselo a una mujer de la que te acabas de enamorar —

El Estudiante. Pero si eso no es ninguna comedia romántica, para mí es más un melodrama, diría yo — Venga, bésame —

La Estudiante. ¿Cómo?

El Estudiante. Venga, bésame, no me has besado desde hace al menos diez minutos — Por lo menos —

Se besan apasionadamente. En medio del beso:

El Estudiante. Pero, ¿por qué?

La Estudiante. ¿Por qué qué?

El Estudiante. ¿Por qué él se vuela por los aires?

La Estudiante. Pero si él no se vuela por los aires —

El Estudiante. Sí, vale, pero ¿por qué quiere inmolarse? — ¿Y dónde?

La Estudiante. Eso carece de importancia —

El Estudiante. Sí, por supuesto que importa, quiero decir, ¿por qué debería hacer eso?

Pausa.

Una Mujer y un Hombre. Una familia con dos niños pequeños o con un niño pequeño, de camino a casa de sus suegros, en el sur.

Otra Mujer y otro Hombre. Dos turistas.
Apenas tienen espacio, pero, en cuanto se sientan, despliegan un mapa.

Una Mujer y un Hombre. Despliegan el mapa.
No tienen espacio.
Y al mismo tiempo, uno de ellos saca un libro de su mochila rebosante.

Los dos turistas despliegan el mapa. No tienen espacio suficiente. Es estrecho. Al mismo tiempo, uno de ellos saca un libro de su mochila rebosante.

UNA MUJER. ¿Dónde vivía exactamente Pipi Calzaslargas?

UN HOMBRE. ¿Dónde vivía exactamente Pipi Calzaslargas?, pregunta uno de los niños. O el niño.
Son las ocho y cincuenta y cuatro.

UNA MUJER. Eso no se sabe.

OTRA MUJER. Eso no se sabe, responde la madre.

UNA MUJER. No puede ser, dice el niño.

La topógrafa con su metro plegable.

UN HOMBRE. El niño canta la canción de Pipi Calzaslargas.

La topógrafa canta la canción con su regla plegable.

UNA MUJER. En el auricular de una chica joven, toda de negro, pálida, pelo negro, pendientes:
Pixies. Fuerte.

UN HOMBRE. El siseo de los auriculares.

El siseo de los auriculares.

UNA MUJER. El capítulo, cuando el policía salva la vida del niño, contra todo pronóstico —

UNA MUJER. La persecución con moto y tren —

UN HOMBRE. Próximo capítulo: el sádico, pedazos de cadáver, patrones, ¿dónde está el investigador de policía? Ya muerto.

UNA MUJER. Próximo capítulo, otro loco, esta vez un satanista, no, un nazi, un neonazi que quiere matar a todo el mundo.

OTRA MUJER. Y luego el capítulo, en el que finalmente se besan, él y la —

UN HOMBRE. El tejado lleno de policías, todo rodeado, cómo va a salir de aquí, este es el último capítulo, no lo es —

Otro Hombre. Alguien canta: «We're on a road to nowhere».

Alguien canta suavemente: «We are on a road to nowhere».

16

Una Mujer. Cuando estás muerto, había preguntado el chico, una vez el sacerdote lo hubo visto por última vez, entonces, ¿dónde estás?

Un Hombre. En el cielo, había respondido entonces el sacerdote.

Otro Hombre. Vas al cielo.

Una Mujer. ¿De verdad, tío?, había preguntado el niño, que para entonces ya estaba muy enfermo.

Un Hombre. Y al lado, en la cocina, había una radio a todo volumen, sonaba «Dream a Little Dream».

Pausa breve.

Una Mujer. The Mamas and the Papas.

Pausa breve.

Otra Mujer. Alguien canta flojito «Dream a Little Dream».

Alguien canta flojito «Dream a Little Dream».

Un Hombre. Y el sacerdote había empezado a llorar.

Otro Hombre. Simplemente ya no podía controlarse.

Un hombre empieza a llorar. Llora amargamente, si bien al principio intenta no demostrarlo. «Dream a Little Dream». Este momento puede durar.

Pausa.

Una Mujer y un Hombre. En ese momento, los dos amantes secretos se tocan —

Una Mujer y un Hombre. Se tocan y salta una chispa.

Una Mujer. Los dos amantes, se habían metido en la parte delantera del vagón,

Un Hombre. él en la parte de atrás,

Una Mujer y un Hombre. entonces, totalmente por casualidad, habían encontrado asiento uno al lado del otro —

Una Mujer. Y habían iniciado una conversación sin compromiso, como entre extraños —

Otra Mujer. Los que no conocen su secreto nunca podrían adivinar que los dos —

Un Hombre. Él le había preguntado qué tipo de música escuchaba.

La Mujer (Amante secreta). ¿Perdón?

Un Hombre. Y él había señalado los auriculares que llevaba colgados del cuello.

Una Mujer. Él había sonreído y le había preguntado: ¿y qué le gusta escuchar?

Otra Mujer. Aunque él ya lo sabe —

Un Hombre. Aunque él sabe ya lo que ella oye —

Una Mujer. Y ella se había hecho la sorprendida: ¿yo? —

La Mujer. ¿Yo?

Una Mujer. Bueno, de no saber que los dos —
Entonces — Bueno, nunca se me hubiera ocurrido ni en sueños que ellos dos no se hubieran conocido justo en ese momento —

Un Hombre. Ocho y cincuenta y tres.

Una Mujer. «Afterglow», dice ella.

Un Hombre. ¿«Afterglow»? ¿«Afterglow» de Genesis? Qué insólito. Es bonito. Muy bonito. Bonito título.

Otro Hombre. Y si se había agachado un poco para sacar algo de su maletín, que estaba en el suelo del vagón, por supuesto todo eso no era más que un pretexto, y a la vez le había tocado brevemente la rodilla.

Una Mujer. Una chispa, apenas a las ocho y cincuenta y cinco.

Un Hombre. Ella llevaba una falda corta.

Otro Hombre. Y ella había cruzado una pierna sobre otra.

OTRO HOMBRE. «Afterglow». Insólito. Hermoso.

UNA MUJER. Sí. Hermoso.

UNA MUJER Y UN HOMBRE. No pueden expresarlo, pero piensan que un día —

UN HOMBRE. Un día viviremos juntos.

UNA MUJER. Él dejará a su mujer.

UN HOMBRE. Ella dejará a su marido.

UNA MUJER Y UN HOMBRE. Vivirán juntos, se despertarán uno al lado del otro por la mañana —

UNA MUJER Y UN HOMBRE. Viviremos juntos, nos despertaremos uno al lado del otro por la mañana.

UNA MUJER Y UN HOMBRE. Y entonces se amarán apasionadamente bajo el sol de la mañana.

Un hombre sonríe feliz.

UNA MUJER Y UN HOMBRE. Quizás tengan hijos, o un hijo —

UNA MUJER. Una chica —

UN HOMBRE. Y entonces un día irán en un tren como este a casa de los suegros.

OTRO HOMBRE. Y la niña preguntará: ¿dónde vive realmente Pipi Calzaslargas? —

UNA MUJER. Y más tarde, cuando la niña sea mayor, podrá estar sentada en un tren un día de finales del verano con los ojos cubiertos de maquillaje negro, y escuchar *heavy metal.* O música punk. O *grunge.* O tecno. O los Pixies.

UN HOMBRE. O la chica estudia arte o teatro o cine y se ocupa de las leyes dramatúrgicas de la comedia romántica — ¿Quién sabe?

UNA MUJER Y UN HOMBRE. Y nosotros, nosotros entonces haremos viajes, como auténticos turistas, con mochilas, mapas y guías de viaje —

UNA MUJER. Como se suele hacer: tú sacarás las provisiones y desplegarás el mapa, y yo leeré de la guía —

Pausa. Silbato.

Una Mujer. En la radio suena «Bette Davis Eyes».

Un Hombre. Ocho y cincuenta y cinco —

Una Mujer. Y en un momento la taza se desliza de la mano de Sally —

Un Hombre. La taza en el aire.

La taza permanece suspendida en el aire.

Otro Hombre. La taza permanece suspendida en el aire.

Una Mujer. Pausa. El tiempo se detiene.

Pausa breve.

Un Hombre. Los raíles brillan como una tela de araña.

Una Mujer. Una hermosa mañana de septiembre. Este es quizás el último día del verano.

Un Hombre. Larga pausa.

Un Hombre. Los hombres y las mujeres se quedan tan perplejos como al principio. El grupo no sabe qué más decir.

Pausa breve.

Una Mujer. Esto es —

Pausa breve.

Un Hombre. Sí, esto es triste —

Pausa breve.

Una Mujer. Todas estas personas no tienen nada que ver entre sí.

Una Mujer. Y cada una tiene su propia historia —

Una Mujer. No tienen nada en común, excepto que todos en breve y a la vez —

Un Hombre. Alguien señala la taza que todavía flota en el aire.

Alguien señala la taza que todavía flota en el aire.

Un Hombre. Pausa.

Un Hombre. Todos desconocidos.

Silencio.

Un Hombre. Cien desconocidos.

Otro Hombre. Cien canciones.

Otro Hombre más. Encogerse de hombros.

Sally. Pedazos de cristal.

Una Mujer. Demasiado lejos.

Una Mujer. Demasiado complicado.

Reprise: algunos cantan, algo perdidos, el estribillo de «Don't Dream It's Over». Alguien puede que cante el motivo de «Where Is My Mind» / Pixies. Alternando: sirenas de policía.

17

Un Hombre. Y hay quien cree que todo tiene un sentido —

Una Mujer. Él cree saber cómo debe ser todo y lo que no debe ser —

Un Hombre. Porque cree que tiene algún tipo de sentido.

Una Mujer. Pero no tiene sentido.

La taza cae y se hace añicos.

Otra Mujer. Dos minutos antes: ocho y cincuenta y tres. Faltan dos minutos y unos segundos.

Un Hombre. La mirada por la ventana.

Un Hombre. Nervioso.

Otro Hombre. Miedo.

Otro Hombre. Poder.

Un Hombre. Excitación.

Una Mujer. ¿Excitación?

Un Hombre. Sí. Sí, emoción.

Una Mujer. Pausa.

Un Hombre. *(Ríe.)* Poder, excitación y miedo. De algún modo suena sexi.

Alguien le da un puñetazo en la cara muy muy fuerte al hombre que ha dicho «De algún modo suena sexi». El hombre escupe sangre, tal vez un diente. Tose y vuelve a escupir sangre. Esto puede alargarse un tiempo. Entonces alguien ataca de nuevo. Cuanto más brutal sea la escena, mejor.

Pausa.

18

Un Hombre. Hay quien intenta sujetar el mapa desplegado, a pesar del poco espacio, y el otro, o la otra, lee en la guía,

Uno de los dos turistas intenta sujetar el mapa desplegado, a pesar del poco espacio, y el otro, o la otra, lee en la guía:

Turista. *(Lee en voz alta.)*
« — una tierra de montañas altas y de media altura,
miles de kilómetros de costa,
llanuras interminables,
tierra de lluvias torrenciales
y de sequedad opresiva,
las selvas tropicales se tornan desiertos,
vastos desiertos de arena, que no
pueden cruzarse ni en semanas,
caravanas,

Pausa breve.

un pueblo marinero,
barcos espléndidos,

Pausa breve.

neblinosos paisajes de brezales se alternan
con enormes ciudades de millones de habitantes,

donde la gente conduce hienas con cadenas de hierro
y tigres de las nieves pisan los pasos helados,
pantanos y volcanes,
petróleo.

Un delta...
Un paisaje lunar

que no podría ser más fértil,
pobreza y riqueza a penas a un tiro de piedra,
fuentes calientes,
gas natural,
carbón,

Pausa breve.

Hambre.

Pausa breve.

Conflictos —

Pausa breve.

Aguas ricas en peces,
mercados prometedores,
metales, oro,
llegan crisis,
algodón,
madera, industria maderera,
plataformas de lagos, mosquitos,
aquí crecen la vid, el mijo y el arroz.

Pausa breve.

Aquí no hay más que piedras y lluvia —

Pausa breve.

y aquí crece el café, el cacao
y los helechos y el musgo.

Un Hombre. Sin embargo, es imposible leer todo eso en el tiempo entre las ocho y cincuenta y tres y las ocho y cincuenta y cinco.

19

Una Mujer. Ocho y cincuenta y tres.

Un Hombre. Un sacerdote pierde su fe.

Una Mujer. En la radio suena «Bette Davis Eyes».

Un Viejo. Soy una chica de diecisiete años, espero que me vaya bien con el trabajo en la peluquería, escucho a Katie Melua.

Canta.

Una Joven. Soy un anciano. Todas las mañanas me despierto a las cinco, eso ocurre porque me he tenido que levantar a las cinco toda la vida, y entonces enciendo la radio, y aquella mañana estaba sonando Haendel, normalmente escucho las noticias, pero la señora de la limpieza había cambiado la emisora, esa bestia, soy tan rico que ni siquiera tendría por qué levantarme, no he tenido que hacerlo en décadas, si bien empecé desde abajo, desde abajo del todo, y ahora cada vez soy más rico. Y siempre me miro las manos.

Canta.

Un Hombre. Ocho y cincuenta y cinco.

Un Hombre. Un hombre mira por la ventanilla del tren, que va arrancando poco a poco, se ve a sí mismo en el cristal reflectante del café de la estación junto a la vía, y ve a Sally, la camarera, tal vez incluso ve cómo se le cae la taza de la mano, y quizás piense: qué ojos tan bonitos tiene esta mujer —

Sally. «Bette Davis Eyes» siempre ha sido una de mis canciones favoritas, y siempre quise tener ojos como los de Bette Davis, pero por desgracia no los tengo, quiero decir, ¿quién tiene unos ojos así?, claro que no dejaría de ser bonito que un día alguien viniera y dijera: pero si tienes unos ojos preciosos.

Pausa.

UNA MUJER. Querido Karl. ¿Qué debo? —

OTRA MUJER. Querido Karl. Me gustaría —

OTRA MUJER. Querido Karl. Lo que ha pasado es, es —

UNA MUJER. Querido Karl. Todo esto no tiene nada que ver contigo — Yo —

OTRA MUJER. Querido Karl, si solo —

OTRA MUJER. Querido Karl, ¿por qué tuviste que? —

Pausa.

OTRA MUJER. Peter, Karl encontró ayer todos los mensajes — Se ha acabado —

UNA MUJER. Peter, ¿cómo pudimos hacer lo que hicimos —

Silencio.

20

UNA TURISTA. *(Lee su guía de viaje.)* La gente de aquí,
a menudo altísimos,
si bien igual de a menudo también de tamaño medio
o más bien pequeños,
conocidos por su hospitalidad,
a menudo, en un primer encuentro, poco accesibles,
parcos en palabras, de buen corazón,
orgullosos de su patria,
les gusta cantar —

Pausa corta. El grupo canta una canción de hadas.

Callada,
una nación de cazadores,
grandes narradores,
fantásticos amantes,
eso proviene de las largas noches de invierno,
cuando el gran silencio de la nieve se posa en las llanuras,

un pueblo de recolectores,
que en los veranos abrasadores se reúnen bajo las acacias.
Árboles,
quemados por el sol y pálidos,
casi blancos como la escarcha.

Pausa.

Inventores,
buscadores de perlas,
alpinistas,
acróbatas —
jinetes,
pescadores,
futbolistas,
pintores,
amantes de la ópera,
agricultores,
sibaritas —

Una mujer canta el tema de los Pixies.

21

UN HOMBRE. Sleipnir.

OTRO HOMBRE. El viejo piensa: toda una vida vivida equivocadamente.

UNA MUJER. Son las ocho y cincuenta y cuatro.

UNA MUJER. La mirada del niño se encuentra con la mirada de la niña de los ojos pintados de negro con los auriculares seseantes.

Auriculares seseantes.

UNA MUJER. La niña mueve los labios, dice algo, pero la niña no puede oírla.

UN HOMBRE. Apaga la música.

Apaga la música.

Una Mujer. ¿Qué? ¿Qué has dicho?

Un Hombre. El niño pregunta a la niña: ¿eres un elfo?

Otro Hombre. ¿Eres un elfo?

Una Mujer. Soy un elfo negro.

Otra Mujer. Interesante que lo preguntes. Soy un elfo negro, responde la niña.

Otra Mujer. ¿Y tú? ¿Qué eres tú? ¿Eres un pequeño trol?

Un Hombre. El niño ríe.

Hay quien ríe.

Un Hombre. Noooo, ¡no soy un trol!

Una Mujer. Sí, sí, eres un niño trol. Solo que no lo sabes.

Otra Mujer. Y creo que justo en este momento un caballo volador está naciendo de un huevo de rana. ¿Puedes verlo?

Pausa.

22

Un Hombre. Hay quien está ciego.

Una Mujer. Hay quien es mudo.

Un Hombre. Hay quien es sordo.

Pausa breve.

Una Mujer. Un empleado administrativo de unos cincuenta años escucha a Iggy Pop, como todas las mañanas.

Canta «I'm the passenger».

Un Hombre. El sacerdote mira al cielo, ocho y cincuenta y tres, y de repente ve entre las nubes a cuatro jinetes.

Otro Hombre. El sacerdote se sobresalta. Pero miren, pero miren — Quiere decirle a la chica del asiento de al lado —

Una Mujer. Pero esto no se hace — No se molesta así a la gente — Ahora son las ocho y cincuenta y cuatro — Y la chica que está a su lado está hablando con un niño — El niño ríe —

Alguien ríe.

Un Hombre. Mira hacia las nubes.
Los cuatro caballos de los cuatro jinetes tienen colores diferentes, uno es blanco, otro rojo, otro negro y otro ceniciento.

Una Mujer. Uno de los jinetes lleva una corona y tiene un arco, y monta el caballo blanco —

Un Hombre. Y este caballo no es Sleipnir.

Todos. El jinete es Jesucristo.

Alguien más. ¿Qué significa el arco en la mano del jinete?

Todos. ¿Jesucristo con arco y flecha?

Otro. O el jinete del caballo blanco es el Espíritu Santo.

Más. O el jinete es un falso profeta.

Pausa.

Un Hombre. Hay diferentes opiniones sobre el significado de los cuatro jinetes.

Una Mujer. Y uno de los jinetes tiene un caballo negro.

Otra Mujer. Este es el jinete con la balanza.

Un Hombre. ¿Qué significa la balanza?

Una Mujer. Es el hambre.

Un Hombre. *(Ríe irónicamente.)* O la justicia.

Una Mujer. La balanza significa hambre, cuando los platos de la balanza están vacíos.

Un Hombre. La balanza significa precios demasiado altos con salarios escasos.

Una Mujer. O escasos sueldos para demasiado beneficio.

Otra Mujer. Creía que la balanza representaba la justicia.
Y no la injusticia.

Pausa.

Un Hombre. *(Inseguro.)* ¿Qué son entonces los cuatro jinetes, son los azotes de la humanidad, o la encarnación de Dios en el día más joven?

Un Hombre. No lo sabemos.

Una Mujer. Unos dicen que sí, otros dicen que no.

Un Hombre. Oh.

Una Mujer. Tal vez esté bien cerca.

Un Hombre. Tal vez solo sean nubes.

Pausa breve.

Una Mujer. Lejanas.

Pausa breve.

Un Hombre. El jinete del caballo rojo tiene una espada, y por eso representa la guerra —

Otro Hombre. O para la defensa de la fe.

Una Mujer. Y en un caballo ceniciento cabalga la muerte junto a él.

Un Hombre. Y la muerte no representa otra cosa que la muerte.

Pausa.

La muerte no representa al paraíso, ni al infierno, la muerte representa el morir. El final. El final de todo.

Reprise:

Todo el mundo canta de repente «Don't Dream It's Over».

Una Mujer. El hombre en la parte superior de la ventana cabalga sobre Sleipnir.

El hombre en la parte superior de la ventana cabalga sobre Sleipnir.

Un Hombre. Y los pies del caballo destrozan la tierra —

Otro Hombre. Ocho y cincuenta y cinco.

Pausa.

Y entonces — Entonces, el mundo se rompe en pedazos.

Silbato. Un partido. La taza rompiéndose. Pausa.

Una Mujer. De modo que —

Otra Mujer. Esto es realmente indescriptible —

Pausa.

Un Hombre. No.

Otro Hombre. No, no se puede describir —

Pausa.

Un Hombre. No.

Sacudidas de cabeza. Uno se muerde los labios. Pausa.

Epílogo

Una Mujer. «Upside Down» de Diana Ross: ¿la conoces?

Pausa.

«Upside Down», menudo *hit*. Yo estaba escuchando eso justo — Cuando pasó.

Pausa.

Un Hombre. Suena la música. Todo el mundo baila.

Una Mujer. Todo el mundo baila como si todos pudieran oír la canción, en el vagón, a las ocho y cincuenta y cinco —

Un Hombre. «Upside Down» de Diana Ross.

Una Mujer. Esto, esto es el fin.

Un Hombre. Y esto es un baile — Por lo que — Como todo el mundo baila, eso es como —

Una Mujer. Eso es taaaan gracioso.

Un Hombre. Cuando uno ve cómo todo el mundo baila —

Una Mujer. Cada uno por su lado, y también todos juntos —

Otra Mujer. Cada uno tiene su propio estilo —

Otra Mujer. Y cada uno es tan feliz —

Una Mujer. Y también un poco ridículo —

Un Hombre. Claro.

Otro Hombre. Eso no importa —

Una Mujer *(Llora.)* No importa en absoluto. No, en serio, no importa en absoluto.

Otra Mujer. Algunos se han pasado media vida desarrollando su propio estilo de baile — Y entonces se vuelve un poco vergonzoso, a veces —

Un Hombre. En este punto, todo el mundo muestra su estilo de baile. Y eso debería ser de algún modo divertido.
La forma en que mueven el culo.

Otro Hombre. El policía, que había estado escuchando Deep Purple con su hermano, baila.

El policía baila.

Una Mujer. La mujer que quería escribir un mensaje a su marido — La que no sabía qué decir — Ella baila.

La mujer baila.

Una Mujer y un Hombre. Los dos turistas bailan — Todavía con el mapa en la mano, pero entonces arde en llamas —

Los dos turistas bailan.

Un Hombre. El sacerdote baila con los cuatro jinetes del apocalipsis — Y con el niño muerto —

Un Hombre. El hombre que se había peleado con su mujer — Baila y baila —

Una Mujer y un Hombre. La familia baila.

Una Mujer. La *stripper* que cree en Dios baila.

UN HOMBRE. Y el joven con el libro —

UNA MUJER. La chica de los ojos negros —

UNA MUJER. Y el empleado administrativo — ¿Qué es, en realidad, eso de la administración? Ni idea. ¡No importa!

UN HOMBRE. El viejo baila —

Tira el dinero en el proceso.

UNA MUJER Y UN HOMBRE. Los dos estudiantes bailan —

LA ESTUDIANTE. *(Bailando.)* — ¡Todo el mundo a bailar! Sería un supercierre, ¡imagínate!

EL ESTUDIANTE. *(Bailando.)* ¿Cómo?

UN HOMBRE. La mujer joven que quiere ser peluquera baila —

UNA MUJER. Y Sally —

UN HOMBRE. Y el hombre que la miró, justo antes —

UNA MUJER. Y la mujer de Bolivia — Baila.

A lo lejos, sus hijos.

UNA MUJER. Y siempre hay al menos una mujer bailando descalza.

Lo hace.

UN HOMBRE. Y con los ojos cerrados.

UNA MUJER. Y con una pluma en el pelo.

OTRA MUJER. Oh, Dios, sí, ese podría ser yo.
Ese podría haber sido yo.

Se quita los zapatos.

UN HOMBRE. Pedazos de cristal —

SALLY. Añicos.

Se rompe una taza. Pies sangrientos. Todo el mundo sigue bailando.

Pausa. Parada. Perplejidad.

Una Mujer. «Walk on By». Esa mañana había oído «Walk on By» en la radio.

Canta un poco.

Un Hombre. Pausa.

Un Hombre. Renovada perplejidad.

Pausa.

Una Mujer. Después de un rato, una mujer dice:

Una Mujer. ¿Alguien vio ayer el circo chino en la televisión?

Un Hombre. Pausa.

Un Hombre. ¿Qué tiene que ver con el circo chino?

Una Mujer. Nadie responde.

Un Hombre. Pausa.

La Mujer. Solo pregunto lo del circo estatal chino, porque ahí tienen ese número, con platos y tazas que siempre flotan en el aire, y ninguno se cae nunca — Es realmente una maravilla del mundo.

Pausa. Música: posiblemente «Prospero's Magic».

Un Hombre. Este lunarcito que tiene mi novia ahí, eso, es una maravilla del mundo.

Un Hombre. Tener una novia es en sí mismo una maravilla del mundo.

Una Mujer. O un novio.

Un Hombre. Dos buenas canciones seguidas en la radio son una maravilla del mundo.

Pausa breve.

«Life on Mars», por ejemplo — Y luego, luego — O algo de los Beatles. O algo de REM.
Por ejemplo.

Una Mujer. Alguien ríe con sorna.

Alguien ríe con sorna.

El hombre. Pero si da igual.

Pausa. Encogimiento de hombros.

Es solo mi gusto.

La Estudiante. *El Corsario Rojo* con Burt Lancaster, eso es una maravilla del mundo.

Un Hombre. No, desde luego que no.

Una Mujer. ¿Eso qué es, *El Corsario Rojo*?

Un Hombre. Es una película. Ya no la conoce ni Dios.

La Estudiante. ¿Qué es entonces una maravilla del mundo sino *El Corsario Rojo*? ¿Y *Fresas salvajes*? ¿O *Nosferatu*? ¿O *El maravilloso mundo de Amélie*?

Sally. El café es una maravilla del mundo.

Un Hombre. La cerveza es una maravilla del mundo.

Un Hombre *(Con entusiasmo.)* Las mujeres — Las mujeres son una maravilla del mundo.

Una Mujer. *(Seca.)* Pues los hombres no son ninguna maravilla del mundo.

Otra Mujer. ¡Que sí!

Pausa.

Bueno, a veces. Raramente.

Un Hombre. Ríen.

Una Mujer. Sonríen.

Una Mujer. Karl, mi marido, es una maravilla del mundo.
Aunque Peter también.

Un Hombre. Mi hermano es una maravilla del mundo. Aunque no tengamos nada que decirnos, y aunque solo escuchemos a Deep Purple en silencio cuando nos vemos.

Otro Hombre. Un caballo volador con cara de mujer — O sea eso es una autentica maravilla del mundo.

Un Hombre. Mis hijos son una maravilla del mundo, sobre todo cuando cantan la maldita canción de Pipi Calzaslargas.

Una Mujer. Tener hijos.

Un Hombre. No contraer cáncer.

Una Mujer. Escribir una sinfonía.
O un libro.

Un Hombre. Los aviones son una maravilla del mundo.

Una Mujer. Los mapas son una maravilla del mundo.

Un Hombre. Los trenes son una maravilla del mundo.

Una Mujer. Un vagón lleno de gente es una maravilla del mundo.

Un Hombre. Metro, aeropuertos. Incluso, los autobuses.
Todas, maravillas del mundo.

Una Mujer. Incluso calles comerciales.

Un Hombre. Salas de conciertos.

Sally. Una taza de café como esta es una maravilla del mundo. ¡Ay!

Silbato.

Una Mujer. La taza de café se le resbala de la mano.

Un Hombre. La taza cae al suelo, en un momento chocará contra las baldosas de la cafetería de la estación y se hará añicos —

Una Mujer. La taza cae al suelo delante de todos como a cámara lenta. Son las ocho y cincuenta y cinco y unos segundos.

Un Hombre. Pero — Pero alguien puede atraparla justo a tiempo.

La taza de café se le escapa de las manos a Sally, pero alguien consigue atraparla.

Otro Hombre. ¡Uy!

Una Mujer. Una sonrisa.

Otra Mujer. Gracias, señor.

Una Mujer. Sally mira a los ojos del hombre que atrapó la taza en el último momento —

Pausa breve.

Un Hombre. ¿No es ese el hombre que estaba en el tren —

Pausa breve.

Una Mujer. Pero si eso no puede ser —

Otro Hombre. Justo a tiempo.

Pausa breve.

Sally. ¡Sí! ¡Genial!

Pausa breve.

Por un pelo.

Un Hombre. Amor a primera vista.

Un breve y feliz silencio.

Sally. Realmente por un pelo. Casi se cae todo en pedazos — Gracias. Muchas muchas gracias —

El grupo mira al público. Renovada perplejidad. Oscuridad.

Fin

La media luna

Der halbe Mond

La media luna se estrenó en 2020 en el Malmö Stadsteater.

El origen y la edad de las actrices y de los actores no importa. Cuanto más diferentes, mejor.

Personalmente, haría el reparto con tres hombres y dos mujeres, pero también podrían ser siete o incluso nueve actores — como si fuera la narración de todo un barrio.

Esta es la versión para tres hombres y dos mujeres.

#1: entre otros, La Mujer en la cuerda
#2: entre otros, Olga
#3: entre otros, El Director
#4: entre otros, El Chino
#5: entre otros, El Libanés

Prólogo

#1 ALTERNANDO CON #3

Generalmente es sabido que el mundo es redondo.
Hemos viajado por todo el mundo,
hemos viajado desde Pekín por Bagdad, Trípoli, Accra,
hasta Tierra de Fuego —
y de vuelta por Cali y Tijuana
y Pittsburgh y Nueva Escocia y Spitzbergen,
hemos estado en la selva más profunda
y en el techo más alto del mundo
y nos hemos balanceado en una cuerda floja invisible
sobre el océano,
hemos visto el mundo,
y la verdad es:
no, el mundo no es redondo, el mundo es un disco,
y cuidado con el borde de ese disco,
porque quien cae de ese borde
cae en la nada —

1

#2. Viento.

#5. Viento que silba:

Viento.

#1. El viento raspa las azoteas de los rascacielos.

#3. El viento raspa las azoteas de los rascacielos en las afueras,

#4. son doce casas, y cada una de las doce casas tiene trece pisos de altura —

#2. y más.

#5. Casa 2, 8.º piso, alguien se olvidó de cerrar la ventana y ahora las cortinas se agitan mojadas por el viento.

#4. Son doce torres,
y las doce torres forman un círculo.

Alguien describe un círculo en el aire, tal vez con fuego.

#3. Una botella se rompe a lo lejos, en algún lugar —

#5. Entre las torres, sin embargo,
nada, solo un descampado —

Pausa breve.

#4. El descampado —
una mancha quemada.

Pausa breve.

#2. Amor —

Ella tiene dificultades con la palabra.

Pausa breve.

#1. Olga —

#2. Yo — yo no sabía que ellos — que ellos dos se —

Pausa breve.

Pero —
Pero esto —
Esto — Pero ¿cómo podría haber? —

Sonríe algo insegura.

#3. Uno de los hombres es delgado,
larguirucho, pálido,

vende fruta y verdura y conservas
en una pequeña tienda
allá, al borde del descampado —

Pausa breve.

#1. Simplemente no encajaban y entonces —

Pausa breve.

#5. El otro hombre es fuerte,
joven, tiene una sonrisa torcida
que no hace juego con sus ojos —
Trabaja en la tienda de bricolaje —
#1. Fuego —

Una sirena.

#3. Los rascacielos —
#1. Viento.

Pausa breve. Se rompe una botella.

#2. Llueve.

Pausa breve.

#5. Llueve desde hace días sin parar.

Pausa breve.

#4. El kilo de tomates hoy en oferta —
#5. Clavos, tornillos y tacos rebajados esta semana —
#4. El kilo de manzanas por —
#5. Taladros de impacto, lijadoras orbitales —
#2. Casa 4, ahí, crían conejos en el noveno piso, en el minúsculo balcón,
#1. lámparas de araña en los pisos bajos, el día está tan oscuro que la gente ya enciende las luces,

#5. en este día oscuro realmente no se alcanza a ver claridad alguna —

#4. ¿O todavía es de noche?

#1. ¿Todavía o de nuevo? —

#3. A lo lejos: las fábricas, allí, se construyen coches y quién sabe qué más —

#4. Un círculo de torres —

#2. Y entre los rascacielos, el descampado — nada más que una mancha quemada, vacía —

#5. Ahí, entre las cenizas y los charcos, no crece
sino la maleza, ahí hay neumáticos viejos, muebles rotos, basura —

#1. Y dos perros que se han vuelto locos y corren siempre en círculo —
Uno pequeño, el otro, algo más grande —

Pausa breve.

2

#2. Un redoble de tambor.

Pausa breve.

#4. Un redoble de tambor, creciendo poco a poco —

Pausa breve.

#5. El redoble de tambor —

Pausa breve.

#1. Bajo la luz de los focos
el director —

Pausa breve.

#4 y #5. Y los dos hombres —

Gesto.

#3. El viejo director con la cara blanca
y con la sombrilla japonesa —

#1. *(Precisa.)* Con la sombrilla japonesa roja —

Pausa breve.

#2. El redoble de tambor —

#4. La batuta —

Pausa breve.

#5. La sombrilla japonesa roja
en una de las manos del viejo director de cara blanca,
a la luz de los focos —

#2. Y en la otra mano:
la batuta, la pequeña batuta de madera —

#3. La batuta de un director de orquesta —

#4. La batuta viaja por el aire,
recorta
luces y sombras —

#5. Recorta sombras y luces,
recorta el día y la noche —

#1. Redoble de tambor —

#3. La sombrilla roja —
La batuta —

#5. Los ojos de Olga entre el público —

#4. Los ojos de Olga — entre cientos — todos están ahí —

El chino saluda tímidamente.

#1. Redoble de tambor —

Pausa breve.

#2. Tres hombres:

#1. tres hombres en la pista del circo ambulante Narva:

#3. el director de cara blanca —

#5. Y el joven libanés, corpulento, fuerte, que trabaja
por horas en la tienda de bricolaje y a veces en casa de su tío como chófer y luego también como —

#2. ¿De qué más cosas trabajabas?

#4. Y el chino, que en realidad no es chino para nada,
delgado, pálido, vende fruta y verdura y conservas en la tiendecita —

#2. Y Olga está mirando, sentada en la sexta fila, todo el vecindario está allí —
Los chinos, los vietnamitas, los alemanes, los coreanos y los árabes, los sirios y los libaneses y los rusos y los polacos, los ucranianos, los turcos, los sudaneses y los nigerianos y los congoleños y los rumanos — y los —

#3. Redoble de tambor —

#2. El público emocionado —

#1. Dos voluntarios, necesitamos dos voluntarios —

#3. ¡Por favor, vengan, vengan! Usted —

#5. ¿Yo?

#1. Usted, sí, usted —

#3. Y tal vez usted, señor mío —

#4. Se refiere a ti, había dicho Olga.

#2. Se refiere a ti —

#4. Venga, ve, me dijo Olga —

#2. Venga, sin miedo —

#4. Pero —

#1. Redoble de tambor,

#3. ahora los dos voluntarios están en la pista,
sombrilla y batuta, director —

#1. Fanfarria,
trompeta,
— y en el punto álgido —
Una pausa —

Pausa.

Alguien toca por un momento una trompeta. Otra pausa más.

#5. ¿Y?

Pausa breve.

#4. ¿Qué? —

Pausa breve.

#2. Ven, vayamos al circo, había dicho él.

Pausa breve.

#5. ¿Y qué?
#1. Fuego —

Pausa breve.

#4. ¿Qué, qué es?
#5. ¿Qué ha pasado?

La sirena de un camión de bomberos.

#2. ¿Qué, qué — qué ha pasado?

3

#4. Cuando la conocí — o cuando apareció — tenía apenas diecinueve años, me llamo Olga, dijo, estaba de repente en la tienda, una mañana temprano, y le dije: ¿de dónde eres?, ¿eres de aquí?, ¿no eres de aquí?, ¿eres del barrio?, ¿eres de aquí?, ¿qué?, no, ¿sí? ¿Desde cuándo vives aquí?, ¿por qué no te conozco?, eras invisible hasta ahora, eras invisible hasta hoy, no puede ser, yo que pensaba que conocía a todo el mundo, aquí —

Pausa breve.

#2. Sonrisa.

Él me sonrió.
El chino.
En el barrio le llamaban «el chino», pero no era chino para nada.

#4. Y ella se quedó allí,
ella estaba allí, justo — justo como — justo como uno se lo imagina.

Ella está allí justo como uno se lo imagina.

#2. Y yo dije:
bien temprano.

#4. ¿Qué?

#2. Bien temprano.

#4. Temprano, ¿por qué temprano?

#2. A las ocho.
Las ocho es temprano. ¿No?

#4. ¿Tú crees? A mí no me lo parece.

Pausa.

#2. No teníamos nada, nada en común.
Nada.
Éramos simple y llanamente diferentes.

Pausa breve.

Dos personas no podrían ser más distintas que tú y yo.

#4 ríe.

#4. Dos personas no pueden ser más distintas que tú y yo.
Eso es lo que decía a veces, y luego nos reíamos.

Pausa breve.

#5. Somos el uno para el otro.
Simplemente estamos hechos el uno para el otro, me dijo.

Pausa breve.

#2. Somos el uno para el otro.
Estamos hechos el uno para el otro.

Perplejidad.
Trompeta.

#5. Dos personas no pueden estar más hechas la una para la otra que nosotros dos.
Eso es lo que me dijo, arriba, en lo alto, en la azotea.

#2. Dos personas no pueden estar más hechas la una para la otra que nosotros dos.

Pausa breve.

#4. Y luego lo volvió a decir, al final, cuando se iba:
dos personas no pueden ser más distintas que tú y yo.

Pausa breve.

#2. *(Salta atrás en el tiempo.)* Bien temprano.

#4. Temprano, ¿por qué temprano?

#2. Las ocho.
Las ocho es temprano. ¿No?

#4. ¿Tú crees? A mí no me lo parece.

Pausa breve.

#2. La radio estaba encendida.

#4. Llegaban noticias de todo el mundo.

Noticias de todo el mundo.

#1. Y luego se hicieron pareja.

Ríe.

#2. Entonces — entonces nos hicimos pareja.
Yo y el chino, que no era chino para nada.

#3. Se hicieron pareja.

#4. Nos enamoramos.

Pausa breve.

Olga tiene dificultades con el término.

Amor —

#1. Sí — era — una pareja bastante extraña.
Era una pareja que no pegaba ni con cola.

El chino y Olga se cogen de la mano.

#5. Y él era demasiado viejo para ella.

Pausa breve.

#1. Ella era demasiado joven para él.

Pausa breve.

#3. Esto no va bien.

#2. Esto no puede acabar bien.
Eso es lo que pensaba todo el vecindario, el barrio al completo.

#1. Eso pensaban los chinos y los vietnamitas y los alemanes y los coreanos y los árabes, los sirios y los libaneses y los rusos y los polacos, los ucranianos, los turcos, los sudaneses y los nigerianos y los congoleños y los croatas y todos los demás también — eso es lo que pensaban todos —

Pausa breve.

#4. No todos hablan con todos aquí —

#3. Pero acerca de que esto no iba bien —

#2. Esto lo pensaban todos —

#5. Y de hecho no salió bien.

Sirena de incendios.

#3. Música.

Música.

4

#3. Sombrilla,
batuta,
tambor,
luces y sombras,

#1. ¡Fanfarria,
trompeta,
oscuro!

#5. Oscuro —

#2. ¡Luz!

Sirena de incendios.

#4. ¿Y?

#5. ¿Y?

Pausa breve.

#4. ¿Qué? —

Pausa breve.

#5. ¿Y qué?

#4. ¿Qué?, ¿qué pasa?

Pausa breve.

#1. Fuego —

Pasando esto último por alto:

#4. ¿Qué ha ocurrido?

#5. ¡Nada!

Pausa breve.

#1. Arde —

Pasando esto último por alto:

#4. ¿Nada?

#3. Nada — no ha ocurrido nada —

Pausa breve.

#2. No ha pasado nada.

Pausa breve.

#3. No puede ser —

#5. Silbidos.

#2. ¡Buu!

#4. El director, con la cara blanca y la batuta de director de orquesta y la sombrilla japonesa de papel rojo, se sitúa en el centro de la pista y —

Horror.

— y — sonríe y llora.

El director llora y sonríe.

#5. Pero eso lo vemos solo yo y el vendedor de fruta y verdura, el chino — porque nosotros —

#4. Eso lo vemos solo nosotros, el libanés y yo, porque nosotros estamos de pie frente a él en la pista —
El viejo director con la sombrilla japonesa y la cara blanca sonríe y llora *simultáneamente* —

Pausa breve.

#1. Simultaneidad —

Sirena de incendios.

#2. Trompeta.

Trompeta.

5

#2. Amor —

Amor: la palabra evoca perplejidad, rechazo e indefensión.

O sea, amor —
Amor es una palabra que —
Con la que yo —
O sea, aquí — aquí en este barrio — eso es —

Pausa breve.

Y entonces —

Pausa breve.

Llevaba ya veinte años en la tienda y pensé: de ninguna manera me paso yo otros veinte años en esta tienda.

Pausa breve.

Y de hacerlo —
Entonces él llevaría cuarenta años en la tienda — cuarenta años — o más, ¿y qué edad tendría entonces? —

Pausa breve.

Pero al principio —

El chino con una fruta.

#4. Antiguamente, solo las hijas del emperador chino podían comer estas frutas.

#2. ¿De dónde has sacado eso?

#4. Conozco este tipo de cosas.

#2. Pero si tú no eres chino.

#4. Bueno — toma — toma — muerde un poco.

Pausa breve.

#2. Y creía ver en las cosas más de lo que se podía ver en ellas.
Más de lo que era fácil de ver.
O más de lo que había, quizá. También.

Pausa breve.

#4. Eres especial, ¿lo sabes?

Pausa.

#5. Arriba, en las azoteas, junto a los motores de los ascensores y a los conductos de ventilación:
nidos de pájaros, el esqueleto de un gato, colchones empapados, incluso un viejo sofá, en el que Miro, casa 7, 6.º piso,
hizo un bebé con Jennie, casa 9, 7.º piso — el niño ya tiene cuatro años —

Pausa breve.

#5. *(A #2.)* Allá arriba, en la azotea — ¿has subido alguna vez?

Pausa breve.

#4. Un hombre de la casa 11, 2.º piso, no abandona el apartamento a menos que no haya remedio. Teme —

#3. Casa 3, 12.º piso, un hombre lleva dos años sin hablar con nadie, ni siquiera consigo mismo —

#1. Y la mujer del piso de enfrente de él, casa 9, 12.º piso, tiene la compulsión de lavarse, hoy se lava por —

#2. ¿O fue ayer? —

#1. Las manos por treintava vez —

#2. Y su piel que —

#5. Una mujer, casa 5, 4.º piso, cree en el profeta —

#4. En la casa 1, 13.º piso, día a día una mujer pierde un poco más su memoria.

#5. ¿Has subido alguna vez?

#2. ¿Subido dónde?

#5. ¿Subido a la azotea?

#2. No. ¿Se puede subir?

#5. Claro que sí.

#2. Claro que sí — eso es lo que dijo como — como si dijera:
todo es posible.
No hay límites.

6

#3 y #1. Un par de caravanas avanzan por la carretera.
Llueve.
El circo ambulante Narva lleva mucho tiempo recorriendo las carreteras rurales de este mundo; desde hace ya una eternidad. Narva, el director, lleva siempre consigo una sombrilla de papel rojo, un regalo del emperador de Japón, como él dice, y una pequeña batuta, que es la batuta de un director de orquesta —
Ya hace mucho que pasaron los grandes tiempos del circo.

Pausa breve.

Sin embargo, el Circo Narva es el único de su clase en el mundo entero y el mundo es un disco, como sabe Narva, el director, porque el Circo Narva es un circo de simultaneidades.
Un circo de simultaneidades es un circo que simultáneamente está y no está y en un circo de simultaneidades salen a escena artistas que hace tiempo que dejaron de existir y a la vez todavía no existen — Aunque ya no existan, mientras los artistas salen a escena, están sentados simultáneamente entre el público, mientras que el público simultáneamente sale a la pista y a la vez cree que está mirando la escena.

En un circo de simultaneidades, todo se intercambia.

Pausa breve.

Izquierda y derecha.

Pausa breve.

Arriba y abajo.

Pausa breve.

Pueden ser simultáneamente
las ocho de la mañana y las ocho de la noche,
simultáneamente día y noche,
y si es simultáneamente de día y de noche,
y simultáneamente mañana y tarde,
entonces también puede ser en la misma medida simultáneamente
ayer y mañana.
U hoy.

#1. ¿Cuánto tiempo falta para llegar?, pregunta Nadja, la equilibrista ciega en la bamboleante caravana, enferma y pálida —
Desde hace años
y simultáneamente está viendo algo en la televisión o jugando con su teléfono —

#3. No lo sé, dice el director.
Tal vez llegamos hace mucho tiempo.

#1. ¿Dónde? ¿A dónde hace mucho que llegamos?

#3. Allí, a donde vamos.

#1. *(Enervado por tanta simultaneidad.)* Pfffff.

7

#4. En el borde redondo del descampado:

#5. un par de tiendas —

#2. Un sastre —

#1. Acortar, dobladillo —

#5. Y un panadero —

#3. Diez panecillos por el precio de siete.

#4. Una tiendecita de comestibles, fruta y verdura.

#2. Hoy en oferta —

#3. Una tienda de bisutería —

#1. Un peluquero —

#5. Un bar —

#3. Entre las cinco y las siete todos los chupitos a mitad de precio —

#1. Una lavandería.

#2. Y una droguería —

#5. La tienda de bricolaje —

#2. Un local de comida rápida, hay hamburguesas, falafel y kebab —

#5. También como menú, con patatas fritas y una bebida cero como tres litros —

#3. Una máquina tragaperras —

#4. Y:

#2. un quiosco — con tabaco y con revistas, también lotería —

#5. Este es el quiosco de Olga —

#3. Olga, que empezó como ayudante temporal en la tienda de fruta y verdura, y luego ella y el chino se hicieron pareja —

#3. Pero más adelante —

Pausa breve.

#2. Pero —
O sea, esto es —
Esto — ¿Cómo podría haberlo? —

#1. Incrédulas sacudidas de cabeza.

Pausa breve.

#4. El vendedor de fruta y verdura se asoma al escaparate de su tiendecita y mira hacia fuera —

#3. Al otro lado de la calle, al otro lado del descampado —

#5. La tienda de bricolaje —

#2. Esta semana el cemento rebajado, la bolsa de cinta roja a mitad de precio —

#5. Ahí está el joven libanés en el escaparate —

#2. Y también Olga, la propietaria del quiosco que trabajó en la tienda de fruta y verdura, asomándose para ver la lluvia —

#4. Es media mañana,

#5. sin clientela —

#4. En la radio, noticias de todo el mundo —

Noticias de todo el mundo.

#1. Y los dos hombres aman simultáneamente a la misma mujer —

#3. Olga —

#2. Pero Olga
no se decide
ni por el uno
ni por el otro:

#3. simultaneidad,

#1. redoble de tambor —

#2. No sé,
le dice a veces al vendedor de comestibles,
eres demasiado suave para mí, ¿entiendes?

#4. Demasiado suave y demasiado viejo — dice.

#2. ¿Sabes? —

#5. ¿Sabes?, le dice al libanés,
al joven, que trabaja en la tienda de bricolaje,
a veces eres demasiado brusco y demasiado joven para mí —

#2. A veces eres demasiado brusco y demasiado joven para mí —

Pausa breve.

Y mucha imaginación no tienes tampoco —

Pausa breve.

#5. Si pudiera ser como él — piensa entonces el libanés — si pudiera ser como el chino —

Pausa breve.

#4. Si yo fuera él, ¿qué pasaría entonces? — Piensa entonces el chino, que no es chino para nada — ¿Si yo fuera el libanés?

8

#1. Redoble de tambores, trompeta —

#3. La cara blanca del director del circo —

#5. ¿Llora?

#4. ¿Sonríe?

#2. Sus guantes blancos, la batuta, que corta luz y oscuridad —

#1. El vendedor de comestibles y el joven de la tienda de bricolaje en la pista —

#5. Huele a sudor y a serrín —

#1. Y huele a humo —

#3. ¿Hay fuego?

Sirena de incendios.

#2. Miradas nerviosas —

#4. Luz de faros —

#5. ¿Qué día es hoy?

#4. ¿Sábado?

#2. ¿No será hoy, viernes?

#4. ¿Jueves?

#5. ¿Miércoles?

#1. Viernes —

#3. Una botella se rompe en algún lugar a lo lejos,

#4. un par de adolescentes van por las casas de puerta en puerta, ¿por qué no están en la escuela?

#3. Casa 12, 9.º piso, alguien cree en el demonio —

#1. Un hombre en la casa 2, 5.º piso, no puede leer —

#2. En la casa 9, 6.º piso, alguien enciende una vela —

Alguien enciende una vela.

#4. Casa 3, 8.º piso, un hombre no cree en nada, ni siquiera en sí mismo —

#5. Casa 7, 4.º piso, a una mujer le gustaría ser un hombre, toda la vida quiso serlo —

#2. Casa 4, 7.º piso, a un hombre le gustaría ser una mujer, toda la vida quiso serlo —

#1. Casa 10, 11.º piso:
la mujer que está demasiado gorda para salir por la puerta,

#3. y la mujer que se muere de hambre — casa 6, piso 3.

#2. El hombre que no se levanta —

#5. Y el hombre que trabaja todas las noches hasta las seis de la mañana, el vigilante nocturno — Y luego no puede dormir —

#3. Las barriadas,

#1. una mujer con seis hijos en tres habitaciones, la última vez que vio a su marido fue en Libia —

#4. Una pareja intenta desesperadamente tener un hijo en la casa 12, 11.º piso,

#2. y en la casa 1, 4.º piso, alguien mira horrorizado un test de embarazo —

#4. Un hombre tan asustado que no puede abrir los ojos —

#1. Casa 11, 2.º piso:
una mujer en la ventana; hoy es su día libre, normalmente trabaja en la agencia tributaria y este es su cuadragésimo cigarrillo de hoy.

#3. Un hombre que le grita a su mujer.

#5. Una mujer que le grita a su hija.

#1. La hija responde a gritos.

#4. Aprobado el concurso radiofónico.

#3. En el suelo de la cocina y en el pasillo, 173 botellas de cerveza.

#5. Las cuatro cicatrices anchas de su cara son de machete.

#1. Llamada del hijo desde otra ciudad —
#2. En la radio, noticias de todo el mundo.

Noticias de todo el mundo.

#5. Las azoteas —
#4. Los cables de corriente —
#3. La central eléctrica —
#1. La carretera rural que se adentra en la lejanía —
#5. Todavía más lejos: autopistas —
#3. Fábricas —
#2. Fábricas para plancha y pintura —
#1. Y fábricas para coches —
#3. Y, más tarde, al atardecer —
#4. Cuando oscurece lentamente —

Pausa breve.

#2. *(Muy emocionado.)* ¿Eso qué es?
#5. ¡¿Eso qué es?!
#4. ¡¿Quién se acerca?!
#1. Pero ¿quién se acerca por la cresta de la colina?
#3. ¿Quién conduce a lo lejos por el viejo camino de tierra?
#2. ¿Son coches de caballos?
#5. ¿Coches de caballos?
#2. ¿Uno?
#4. No, dos —
#1. No, tres —
#3. Cuatro —
#5. Una caravana entera —
#4. Pero si son —
#2. Banderines, banderas —
#5. ¡Son vagones de circo!

#3. ¡Viene un circo!

#1. ¡Un circo!

#4. ¡¡¡Viene un circo a las barriadas!!!

Flash fotográfico anticuado como el de la época de la invención de la fotografía.

9

Música.

#1. A una altura de vértigo,
en lo oscuro de la cúpula de la carpa del circo —
Una cuerda —
Y, sobre la cuerda,
una mujer —
Se trata de la funambulista ciega,
Nadja,
no ve nada,
y nadie la ve —

La equilibrista en la cuerda floja.

También se puede representar sin cuerda.

#5. Los ojos de Olga entre el público —

Pausa breve.

#4. Los ojos de Olga — entre cientos —

Pausa breve.

#2. Todos están aquí —

Pausa breve.

#3. El tiempo —
El tiempo es ciego

y nosotros estamos ciegos.
Así, el tiempo,
ciego e invisible
pone un pie frente a otro,
ciego fue el ayer,
que ni siquiera sospechaba
cómo llegó a ser hoy,
ciego también el hoy,
que no quiere ver
que mañana ya
será ayer,
que el mañana no es a la vez
más que un ciego hoy.
Así, el tiempo avanza a tientas y a ciegas,
ayer, hoy y mañana,
tiempo y espacio
se bambolean juntos en eterna oscuridad,
tratan de alejarse el uno del otro,
desesperadamente,
y no hacen sino dar vueltas en círculos,
se separan
y vuelven a juntarse,
como las agujas de un reloj,
fundiéndose
hasta que ya no pueden distinguirse —

Trompeta dramática: por ejemplo, Gustav Mahler, 5.ª sinfonía, primer movimiento.

10

#1. Se enamoraron.

#2. Nos enamoramos.

#4. Vino una mañana, tendría apenas diecinueve, o veinte años, bien joven, y dijo, la nota en la puerta —

#2. Se busca ayudante temporal —

#4. Bueno —

#2. ¿Esto es —

#4. ¿Qué?

#2. O sea —

#4. Esto —

#2. Esto, sí,

#4. o sea — Esto es una nota —
Risas.

Risas.

#2. Se rio de su propio chiste, aunque no tenía ninguna gracia.
¿Verdad?

#4. ¿Y ahora qué?

#2. Bueno, yo —

#4. Si quieres, puedes empezar aquí —

#2. ¿Sí?

#4. Sí —
Si crees que esto es algo para ti —

#2. Es solo un puesto de apoyo.

#4. Pero se empieza a primera hora.

#2. ¿Siempre?

#4. Siempre.

#1. Redoble de tambor.

#3. Trompeta.

Pausa breve.

#1. *(Presenta:)* Olga —

#2. Me llamo Olga.

Pausa breve.

Olga con una O —

Pausa.

#1. Salto en el tiempo —
#4. Tienes que pelar una manzana, así —

Pela una manzana para que la piel quede de una pieza —

Pruébala —

Ella también pela una manzana.

Y luego tiras la cáscara por encima de tu hombro —

Él y ella lo hacen.

Y entonces ves las iniciales de tu amor —

Ella se ríe.

#2. Veo una cáscara de manzana.
#4. ¿Sí?

Pausa breve.

Pues yo veo una O.
#3. Olga había trabajado también en la pequeña tienda de comestibles, al principio con un puesto de apoyo y así es como conoció al que más tarde sería su marido —
#1. *(Flojito.)*
Salto temporal —
#2. Pero ahora tiene un pequeño quiosco y está saliendo con el chico de la tienda de herramientas —

Pausa breve.

#1. Vean aquí y ahora —
#3. ¡Señoras y señores! —
#1. ¡El ayer y el mañana! —
#3. ¡Vida y muerte! —
#1. ¡Amor y dolor! —

#3. ¡Día y noche
y luz y sombra! —

Rayo de magnesio.

#4. Mira, Olga.

#2. ¿Qué? —

#4. Un aguacate.

#2. Sí, ya lo veo. ¿Crees que no sé lo que es un aguacate solo porque mis padres vienen de Rusia?

#4. Pensé que venías de Siberia.

#2. Bueno.

#4. ¿Sabes de dónde viene este aguacate?
No hay respuesta.
De verdad que —
No hay respuesta.
De México. Viene de México.

#2. ¿Ah, sí?

#4. México.
¿Sabías que hay pirámides en México?

#2. ¿Pirámides de aguacates?

#4. Algo así.

#1. Él está enamorado de ella. Es diferente de los otros hombres jóvenes del barrio. Al fin, llega un momento en que ella acaba preguntándose por qué él no intenta besarla, tal y como harían los demás, y entonces, un día, ella lo besa, al final de un descanso para fumar, fuera de la tienda, justo después del mediodía.

Ella lo besa.

#4. *(Sonríe sorprendida.)* Ey —

#3. Se hacen pareja, aunque él no es exactamente el tipo de hombre que suele gustarle a ella. No es especialmente alto ni delgado y es mayor que ella.

#4. Tomates amarillos —
tomates amarillos,

qué cosa —
Los tomates amarillos te vuelven loco de amor.
Según dicen.
Coge uno —

#1. Redoble de tambores —

#2. Por un tiempo la cosa va bien —

#4. Y entonces conoce al libanés —

#5. Le llaman el libanés, aunque de hecho se llama de manera completamente distinta y
el libanés, que no es libanés para nada,
es de aquí, nació aquí —

#2. ¿Por qué no lo conoció mucho antes?

#5. Solo es unos pocos años más mayor —

#2. Habrá ido a la misma escuela — Aquí, en el barrio —

#5. *(A #2.)* Como si antes fueras invisible,
¿eras invisible, antes?

#2. Estás como un tren, dijo —

#5. En cierta ocasión, un caluroso sábado de verano por la tarde, Olga caminaba por el descampado y había un par de chicos bailando al son de la música que salía de un altavoz que llevaban consigo —

#3. Y uno de los chicos era el libanés, que trabajaba en la tienda de bricolaje durante la semana.

#1. Y a veces en casa de su tío —

#4. Y a veces cómo —

#2. ¿De qué más trabajas?

#3. Bailaban completamente enloquecidos.

Los chicos bailaban completamente enloquecidos con los torsos desnudos.

#1. Estás como un tren, le gritó el libanés a Olga, a su paso,
y Olga supo que era él quien la llamaba, aunque no se giró y, en consecuencia, no pudo saber si se trataba de él o no.

#5. *(Grita a su paso.)* Estás increíble. Realmente increíble. De verdad.

#1. Y Olga sonrió.

Pausa breve.

#2. Y el libanés y sus amigos —

#4. Se convirtieron entonces en sus amigos —

#5. o en sus amigos y en los de su amiga Laura —

#3. Y los chicos,
ellas los llamaban *los chicos,*

#2. nos enseñaron cosas —

Pausa breve.

Cosas que no supimos hasta entonces.
Aunque siempre habíamos oído hablar de ello —

#1. Y esas eran cosas que no tenían nada que ver con los tomates, ni con los aguacates ni con la Ciudad Prohibida —

#5. Eso fue durante el verano —

#2. Ese fue durante el primer verano que el chino y yo vivimos juntos, no hacía tanto tiempo que me había mudado con él —

Pausa breve.

#5. Y subí a la azotea con ella —
Ella no sabía cómo llegar a la azotea hasta entonces —

#3. Arriba, en lo alto, en la azotea, junto a los motores de los ascensores y las trampillas de ventilación, nidos de pájaros, el esqueleto de un gato, un viejo sofá,

#1. en el que Miro, casa 7, 6.º piso, hizo un hijo con Jenni, 9, 7.º piso — El niño ya tiene cuatro años —

#5. El sol aún no se había puesto,

#2. vimos las doce torres y el descampado —

 # 5 y #2 de la mano.

#5. Estamos hechos el uno para el otro.
Simplemente estamos hechos para estar juntos.

Dos personas no pueden estar más hechas la una para la otra que nosotros dos.
Eso fue lo que ella dijo.

Pausa breve.

#2. Y más tarde salió la luna.

#5. Luna llena.

#2. Pero, cuando hay luna llena, de todos modos, solo se ve media luna.

#5. ¿Sí? ¿Por qué?

#2. Porque — porque no puedes ver la luna entera. Porque solo vemos media luna — solo vemos un lado.

 # 5 no entiende nada.

11

#5. Cuando entras en una tienda, normalmente, solo prestas atención a lo que quieres comprar o a lo que no quieres comprar, eliges algo, lo encuentras, lo llevas a la caja, buscas tu dinero, pagas y hasta luego.

#2. El lugar, en el que compraste lo que sea que compraste, solo es un lugar cualquiera.
Sin embargo, cuando trabajas en una tienda, si estás detrás de la caja, es diferente —

#5. Entonces tu mirada se pierde en las esquinas de esas cuatro paredes —

#2. Así que — ciertamente hay gente que — gente como el chino —

#4. *(Parlotea sin parar.)* Lo primero que supuestamente comió Noé después del Diluvio fue una pera, en plan, si alguna vez deja de llover — podemos comer una pera — o podemos comer una pera ya de entrada, o quizás fue al revés, quién sabe — y entonces tal vez deje de llover —

Pausa.

#2. Las luces fluorescentes del techo.
Las pantallas con las imágenes de la cámara de seguridad.
La cinta negra en el borde de la mesa bajo la caja registradora.
El suelo de hormigón —
Humedad, frío.

Pausa breve.

La radio, claro.

Pausa breve. Noticias de todo el mundo.

El teléfono.

Pausa breve.

Abrí el quiosco.

Pausa breve.

Y entonces llegó el circo.

Pausa breve.

#4. Vamos al circo, Olga.
#2. ¿Al circo?

Pausa breve.

#5. ¿Has visto, hay un circo, quieres que vayamos?
#2. Yo no sé —
#1. Redoble de tambores —
#3. Simultaneidad —
#5. A la venta esta semana: papel de lija —
#2. Un hombre, guapo, joven, fuerte,
vestido con la ropa naranja de los empleados de aquí —
#5. La tienda de bricolaje —

Pausa breve.

Mal aire.

Pausa breve.

Tornillos.

Pausa breve.

Uñas.

Pausa breve.

#2. En la pequeña tienda de comestibles al otro lado del descampado, un hombre con una bata gris —

Pausa breve.

Fruta y verdura —
Manzanas, peras,
hoy en oferta:
plátanos —
#5. Roscados y tornillos —

Pausa breve.

Tuberías.

Pausa breve.

Metales y juntas.

Pausa breve.

#4. Piñas,
aguacates,
uvas,
patatas y cebollas,
judías, pimientos
tomates,
comida enlatada, pan,

bebidas,
vodka, vino barato.

#5. Mangueras.
Cables.
Aceites, barnices, tintes.
Pinturas.
Herramientas —
Alicates, taladros,
destornilladores,
sierras.
Escuadras.

#4. La radio está encendida.

Noticias de todo el mundo.

#5. Anuncios automáticos de las ofertas especiales del día.

Pausa breve.

Cuando venía a visitarme al trabajo, a veces sacaba un tornillo de una de las cajas y jugaba con él en la mano —

#4. Tus manos huelen a metal —

#2. El quiosco.
Cigarrillos, tabaco, revistas.
Revistas de coches, de mujeres, de televisión,
revistas de deportes y de instalaciones y de vacaciones y de tatuajes. Golosinas. Cómics.
Encendedores. Lotería.
Olga mira por el escaparate del quiosco.
¿Qué ve?
Se ve a sí misma en el escaparate reflectante.
Cómo habían empezado a salir, y cómo todo el mundo le había dicho: ¿qué quieres con el chino?, pero el chino, que no es chino para nada, le cuenta algo todos los días, historias — cualquier cosa — cualquier cosa acerca de fruta y verdura o especias y hierbas —

#4. Azafrán.
Cilantro.
El azafrán solía pesarse con oro.

Pausa breve.

El cilantro es el alimento de los muertos, ¿lo sabías?

#2. ¿Cómo?

#4. Sí, de verdad —
los muertos se alimentaban de cilantro.

El chino sonríe, se mete un poco de cilantro en la boca, hace una mueca.

¿Quieres un poco?

#2. Cuando no hay algo importante en la radio, el chino habla de las cosas que venden, le gusta lo que hace, y eso no lo puede decir todo el mundo —

#4. Tienes que estar orgulloso de lo que eres, como mínimo tiene que gustarte lo que haces, ves, mira: esto es pimiento rojo, viene de Indonesia —

#2. Tenía un mapa del mundo detrás del mostrador —

#3. Y así los dos se hicieron pareja,

#4. esto, esto es albahaca de la India.

#5. Y sus padres dicen: ¿qué haces con ese?

#2. ¿De qué va todo esto?

#1. Sus padres tienen una tienda de arreglos unas casas más allá, y su padre ve cada vez peor, toda la vida con el hilo y la aguja frente a los ojos —

#3. Hay cosas que son iguales en todo el mundo, ya sea aquí o en Yakutsk —

#2. Y en cuanto el chino dice:
¿sabes lo que me gustaría hacer? —

#5. Para entonces ya viven juntos, ella ya se ha mudado de casa de sus padres, casa 1, 9.º piso —

#4. ¿Sabes lo que me gustaría hacer? —

#1. Y su madre lloró —

#2. Pero, mamá, solo me mudo una casa más allá —

#4. Casa 2, 6.º piso.

#2. La vista desde casa de mis padres era mejor —

#4. ¿Sabes lo que me gustaría hacer? —

#2. No tenemos televisor, necesitamos un televisor —

#4. Y un día él le dijo a ella, mientras ambos estaban en la pequeña tienda:
imagínate que plantáramos estas frutas nosotros mismos —

#2. ¿Cómo? —

#4. Sí —

#2. ¿Cómo plantar? —

#4. Plantar. Sembrar. En la tierra —

#2. ¿Quieres decir aquí?

#4. No —

#2. ¿Dónde entonces? ¿En un campo?

#4. En los campos.

#2. En los campos.

Pausa breve.

¿Quieres decir que quieres trabajar en una granja?

#4. Risas.

#2. ¿De verdad? ¿De verdad, de verdad? ¿Ese es tu sueño?

#4. No, no —

#2. Pero si dijiste —

#4. Pero —

#2. ¿O quieres cultivar tus verduras aquí, en el balcón?
También podríamos tener una vaca en la cocina —

#4. Estaba pensando en algo así como una quinta —

Pausa breve.

Una «hacienda».

#2. ¿Una qué?

#4. Con caballos y sistemas de riego y trabajadores que van en camiones a las zonas de cultivo por la mañana —

#2. Olvídalo.

Ella ríe.

#5. Ella ríe y le escribe al libanés: el chino se ha vuelto loco ;-) Besitos desde la granja.

Pausa breve.

#1. Por aquel entonces, ella ya había conocido al libanés.

Pausa breve.

#3. El chino siempre se levanta temprano y abre la tienda y ella llega más tarde.

#4. Antiguamente, solo las hijas del emperador chino podían comer estas frutas —

#2. Sí, creo que ya me lo habías contado. Pero es una bonita historia.

Pausa breve.

#2. El viejo Canario ha muerto.

#4. ¿Quién?

#2. El dueño del quiosco.

Pausa breve.

#1. El quiosquero Canario murió en su tienda, un martes por la mañana, hacia las 11. Ataque al corazón, muy de repente, se cayó y estaba muerto.

Pausa breve.

#5. Y algún tiempo después:

Pausa breve.

#2. Creo que quiero hacer algo por mi cuenta —

#4. ¿Qué?

#2. Algo por mi cuenta.
No creo que esto sea algo para mí —

#4. ¿Qué? — ¿Qué? —

#2. Esto mismo — La tienda.

#4. ¿No?

#2. Fruta y verdura, especias, conservas — No —

#4. Cuando pienso en conservas, siempre me vienen a la cabeza los exploradores polares que, sin saberlo, se envenenaron con plomo durante la expedición Franklin —

Pausa breve.

#2. Pensé que podría hacerme cargo del quiosco —

#4. ¿El del muerto? ¿El del Canario muerto?

#2. Sí — Bueno — Sí.

#5. Porque ella pensó:
un quiosco, con todas esas revistas y todas esas noticias — Y la gente siempre viene y juega a la lotería y compra cigarrillos — nunca puede haber un momento de aburrimiento —

#2. En la radio:
las noticias.

Noticias de todo el mundo.

12

#1. Dentro de la caravana,
en la mano, un viejo periódico:

Noticias de todo el mundo.

Mirando por la ventana:
doce torres.

#3. Sabes, niña mía,
cada vez es más difícil —
dice el director.

#1. Y yo me siento partida en mil pedazos — dice la equilibrista, todavía joven —

#3. No digas esas cosas.

Pausa breve.

#1. Todo me da vueltas en la cabeza.
Y todo gira cada vez más rápido.

#3. El truco más sencillo
ya no quiere surtir efecto —
Ni siquiera logro sacar el conejo de la chistera —

#1. No digas esas cosas, dice la mujer joven
vestida de lentejuelas.
Hasta ahora siempre hemos seguido adelante.

#2. Y ambos lo saben —

#3. Mucho más lejos no vamos a llegar.

Pausa breve.

Pero la cosa sigue.

#1. Siempre sigue y en círculos.

#3. No pensemos en ayer,

#1. porque ayer era anteayer y aun mañana
y mañana todo será diferente de hoy —

Pausa breve.

#4. Ella conoció al libanés de la tienda de bricolaje, estaba con sus amigos fuera, en el descampado, bailando al son de la música que salía de un altavoz que llevaban consigo.

El libanés y sus amigos estaban bailando.

Y se enamoraron.

#2. Yo me enamoré.
Él me enseñó la azotea.
Él era simplemente distinto de —

#5. Solo —

#2. Solo —

#5. Dijo que estábamos hechos el uno para el otro, pero ella no dejó al chino.

#2. Yo — yo no pude.

Ella coge la mano del chino, que no es chino para nada.

Ella coge la mano del libanés, que no es libanés para nada.

#3. Simultaneidad,

#1. redoble de tambores.

#2. Y ambos se volvieron locos.

#4. Redoble de tambores.

#5. Trompeta.

Pausa breve.

#2. ¿En qué mes estamos,
es marzo?

#5. ¿O abril?

#4. ¿No estaremos todavía en febrero?

#1. ¿Dónde estamos, de hecho?

Flash de magnesio.

#4. Redoble de tambores —

#1. Salto de tiempo:

#2. está anocheciendo —

#5. Un trompetista solo entre las torres de los rascacielos.

#3. Un hombre con la cara blanca y una sombrilla roja —

#1. Una equilibrista ciega, cosiendo las lentejuelas —

La trompeta.

#5. Una botella resquebrajándose.

#4. El director se estremece.

#3. Bienvenidos,
venimos de lejos.

#2. Simultaneidad —

Pausa breve.

#1. Y entonces todo arde en llamas —

#3. Un gran
ir hacia adelante y hacia atrás —

#5. Vean aquí y ahora —

#3. Señoras, señores —

#1. El ayer y el mañana —

#4. Vida y muerte —

#2. Amor y dolor —

#1. Día y noche —

#3. Y luz y sombra —

#5. Redoble de tambores —

Flash de magnesio.

13

#3 y #1. El Circo Narva simultáneamente está y no está.
No está ahí porque el circo se quemó hace mucho tiempo.
Eso fue en —
Pero todavía está ahí porque desde entonces ha seguido recorriendo el mundo como un circo fantasma, instalando su carpa en una ciudad distinta cada noche.
Sin embargo, la simultaneidad deja su rastro.
Se entierra en los rostros y tuerce y dobla los cuerpos.
No puedo más, dice la funambulista ciega, y, sin embargo, en cada nueva ciudad, en cada función, pone un pie delante del otro sobre la cuerda, bien arriba en lo alto, bajo la cúpula de la carpa del circo.
Pasen y vean.
Cuando el circo se incendia, entre otros, hay siete hombres que pierden la vida, la tripulación de Narva, el director. Estos hombres son originarios de la zona fronteriza de Myanmar y de Bangladesh.

Escalan los postes, levantan la carpa del circo en el aire, no importa dónde, en los tormentosos pasos de montaña del Hindú Kush, en las orillas del lago de Van, a los pies del monte Ararat o en las estrechas callejuelas de Sanaa, en Yemen.
Sin embargo, entonces, llega el momento del fuego: los hombres quedan atrapados en las llamas de las lonas tendidas, tratan de salvarse, intentan huir de aquello, pero ¿hacia dónde?, ¿en el anillo redondo?, corren humo a través, arden y se transforman en siete tigres.
Los tigres ardientes es uno de los momentos culminantes de cada velada en el circo Narva.

14

#2. Luna llena.

#5. Vimos las doce torres y el descampado — y ella dijo, es luna llena, pero solo vemos la media luna —

Pausa breve.

#2. Tienes que pelar una manzana, así —

Pela una manzana para que la piel sea de una sola pieza —

Prueba a ver —
Y luego tiras la cáscara por encima de tu hombro —

Él y ella lo hacen —

Y entonces ves la primera letra de tu amor —

Él ríe.

#5. Yo veo una cáscara de manzana.

#2. ¿Sí?

Pausa breve.

O sea, yo lo que veo es una O.

#1. Redoble de tambores:

#2. ¿sabes lo que me imagino?

#5. ¿Qué? ¿Qué te imaginas?

#2. ¿Qué pasaría si construyéramos algo? —

#5. ¿Qué quieres construir? —

#2. Pero si tienes la tienda de bricolaje —

#5. No tengo ninguna tienda de bricolaje — Estoy en una tienda de bricolaje.

#2. Debes estar orgulloso de lo que eres, ¿no te gusta hacer lo que haces? Al menos debería gustarte lo que haces — podríamos construir algo, con todos los clavos y las escuadras y los tornillos —

#5. ¿Y qué construirías?

#2. ¿Una casa?

#5. ¿Una casa?

#2. Sí —

#5. ¿Dónde?

#2. Aquí.

#5. ¿Aquí — sobre la azotea?

#2. Una casa sobre la casa —

Pausa breve.

O como mínimo construyamos un tejado sobre el sofá.

#5. Un tejado sobre el tejado —

#2. O ahí —

#5. ¿Ahí?

#2. En el descampado — ahí no hay nada, lo que hay es sitio — ahí habría sitio para una casa.

#5. ¿Qué tipo de casa?

#2. No una casa cualquiera.
Un palacete.

#5. ¿Qué es un palacete?

#2. Una especie de palacio.

#5. Un palacio hecho de escuadras y tornillos —

#2. ¿O una torre?

#5. Pero si torres aquí ya tenemos.

#2. Una torre para nosotros. Solo para nosotros.

Pausa breve.

Pero él no sabía imaginarse la torre.

#5. Y eso que siempre solía jugar con un tornillo y una tuerca que había cogido de la tienda de bricolaje.

#1. Redoble de tambores, trompeta —

#4. La varita mágica divide luz y sombra —

#5. Redoble de tambores —

#3. Es el viejo truco — el viejísimo truco — de cómo sale el conejo de la chistera —

#1. Excepto que el truco ya no surte efecto —

#3. Porque tan fácil no es —

#4. Él muestra la chistera vacía —

#5. El director muestra la chistera vacía —

#1. Redoble de tambores —

#3. Sin trucos, sin falso fondo, sin ningún juego amañado, compruébelo usted mismo, la chistera está vacía, vacía — ¡Voluntarios! ¡Voluntarios al frente! ¿Qué?, ¿nadie se atreve? ¿Qué tal usted, el caballero del tamaño de un matón rompecadenas de Beirut?

#5. Risotadas —

#3. ¡Sí, usted!, nadie más que usted —
Y usted, señor mío, me recuerda a un malabarista uigur que conocí una vez — Sí, nadie más que —

#4. Risotadas —

#3. Venga, venga, no tenga miedo, no tenga miedo, la chistera no le morderá.

#2. Risotadas.

#1. Compruébelo usted mismo:
la chistera está vacía.

#3. Nada en ella — nada más que negrura — ¡y aun así!

Pausa breve.

Afirmo que todo este barrio, toda la ciudad, todo el universo cabe en este sombrero —

#5. Redoble de tambores.

#4. Trompeta.

#1. Por encima de todo, en la oscuridad, sobre la cuerda, los equilibristas.

#3. El viejo sabe que todo eso no son más que palabras.
Hace tiempo que el universo dejó de caber en un sombrero.
Como en miles de actuaciones anteriores, levanta la batuta, divide sombra y luz, y no está seguro de si el viejo truco volverá a surtir efecto — pues cada vez es más difícil, en cada nueva ciudad es más difícil.
Quien ha visto demasiado sabe que no se puede sacar un conejo de una chistera — Y, sin embargo, lo espera, una y otra vez.

#1. Y ahora vean:
el único equilibrista del mundo que cruzó el océano sobre una cuerda invisible —
Redoble de tambores.
Trompeta. Fanfarria.

Trompeta. Flash de magnesio.

#5. Y entonces:

#4. ¡Y entonces, la chistera —

Pausa breve.

La chistera está vacía.

#5. Vacía.

#2. No hay conejo —

#3. Nada —

#1. Nada de nada.

#5. Un murmullo desilusionado recorre la platea —

Murmullo.

#2. Silbidos —

Silbidos.

#4. ¿Qué es eso?

#3. Un par de jóvenes lanzan una botella vacía, un destello,

#1. y entonces la carpa del circo se incendia —

#4. Un destello en los ojos del director —

#1. Arde —

#2. Fuego —

Arde.

#5. Ahora el director con la cara blanca levanta la batuta una vez más —

#4. La levanta en el aire como si quisiera cortar la noche.

#1. Un aaaaaaaah recorre la multitud —

#2. Aaaaaaaaah.

Aaaaaaaah.

#5. Redoble de tambores.

#4. Trompeta —

#2. La batuta del director divide luz y sombra.

#1. ¡No!

#2. ¿No?

#3. La batuta ya no divide luz ni sombra.

#1. ¡El director con su batuta
confunde sombra y luz!

#3. El día se convierte en noche — ¡y la noche en día!

#4. La luna en sol —

#5. Y el sol en luna —

#1. ¡Hoy de repente es mañana!

#2. Y mañana, ayer —

#5. Redoble de tambores —

#2. ¡Trompeta!

Pausa breve.

#4. ¿Y?
#5. ¿¿Y??

Pausa breve.

#4. *(Casi histérica por semejante decepción.)* ¡¡¡¡¡¡Nada!!!!!!
#5. ¡Nada!
#2. ¡La chistera está vacía!
#5. ¡Sigue vacía!
#4. ¡De magia nada!
#2. ¡Buu!

¡Todos abuchean!

#5. ¡Buu!

Todos rabian.

#4. Sin embargo —
#5. Sin embargo, hay algo que —
#4. ¿Qué?
#5. No sé —
#4. ¿Qué? —
#5. ¿Qué de qué —

Pausa breve.

#1. Redoble de tambores,
trompeta —
#3. Ahora debería:
#1. ahora debería empezar la magia.
#3. Solo que la magia no empieza.

#5. Alguien lanza una botella,

#2. Un destello —

#4. Fuego —

#1. Ahora las agujas del reloj deben girar simultáneamente hacia delante y hacia atrás.

#3. Ahora, de repente, ya serían las ocho de la mañana del día siguiente —

#1. Y simultáneamente las ocho de la noche del día anterior.

#4. La luna pende sobre la carpa del circo —

#5. Y al mismo tiempo brilla el sol —

Pausa breve.

#1. De lograrse la magia, de haberse logrado, entonces ahora sería simultáneamente de día y de noche —

#2. ¿Qué hora es?

#5. Las ocho —

#4. ¿Las ocho de la noche?

#5. ¿Las ocho de la mañana?

#4. El viento en las antenas —
Me despierto —

#5. He dormido mal, el cuerpo inquieto —

Pausa breve.

#4. Algo no cuadra —

#5. Yo —

#4. Yo — yo estaba en el circo, estábamos en el circo —

#2. Vamos, vamos al circo, había dicho él, vayamos al circo —

#5. Un hombre con un rostro blanco —

#3. Y ahora miren —

#2. Único en el mundo —

#4. En la pista de circo — Justo ahora estábamos de pie en la pista de circo —

#5. Las agujas del reloj dan las ocho, pero ¿son las ocho de la mañana o de la noche?

#1. ¿Es hoy por la mañana o es ayer?

#5. Despertar.

#3. Y ahora vean:

#4. Redoble de tambor.

#3. Y ahora vean: «El hombre que tropieza».

#4. Risotadas.

#5. Me levanto, tropiezo —
Tropieza.

#1. Lo ven:
la mirada en el espejo:

#2. un bramido recorre el público.

Un bramido recorre el público.

#4. Me levanto — pero —

#4 tropieza.

#1. Risotadas.

#5. Algo está mal, algo ha cambiado —

#4. El espejo —

#5. Todo ha cambiado —

#4. Nos —

Pausa breve.

#2. Nos «intercambiaron» — Nos «intercambiaron» — Le gustaría decirlo, pero no logra llevarlo a los labios —

#4. Ese — Ese fue el momento,
ocurrió eso en aquel momento —

#5. En aquel momento —
Cuando la batuta del hombre —

#4. Cuando todo —

Cuando todo se mezcló —
Cuando de repente todo —

#5. El —
El hoy era mañana
o el hoy de repente era ayer —
No sé —
Y nosotros —

Señala primero al otro hombre y luego se señala a sí mismo.

Él y yo —

#4. Con él — es decir con él — quiere decir yo —

Ahora #4 señala con «yo» al otro hombre y con «él» se señala a sí mismo:

O yo y él —
Él era yo —
Quiero decir

Señala al otro:

Si yo era él —
Él — y no — yo.
¿Qué habría sucedido?

#5. Mirada en el espejo —

#4. Mirada en el espejo —

#5. El hombre en el espejo —

#1. Redoble de tambores —

#3. Trompeta —

#2. Un bramido recorrería la platea —

#1 brama.

#5. El hombre en el espejo —

#4. Miro en el espejo —

#5. Pero el hombre en el espejo no soy yo —

#4. El hombre que veo en el espejo no soy yo —

#5. Me miro en el espejo, pero quien me mira desde el espejo es otra persona —

#4. El hombre en el espejo —

#5. El hombre en el espejo es el vendedor de fruta y verdura, el chino —

#4. El hombre en el espejo
es el libanés de la tienda de bricolaje.

#2. ¿Qué ha ocurrido?

#1. El vendedor de fruta y verdura es el — El —
Es simultáneamente viejo y joven —

#3. Y el chico de la tienda de herramientas — Es el vendedor de fruta y verdura, a quien aquí en el barrio llamaban el chino —

#1. Y es simultáneamente joven y viejo —

Pausa breve.

#2. Las cortinas ondeantes bajo la lluvia, casa 2, 8.º piso, son en realidad largos tules, en los que se envuelve ahora, a una altura vertiginosa sobre el descampado, una acróbata, se trata de la mujer de la casa 10, 11.º piso: hace un momento estaba demasiado gorda como para salir por la puerta, pero ahora —

#5. Los conejos del pequeño balcón de la casa 4, 9.º piso, se convierten en elefantes —

Irrupción de los elefantes.

#4. Casa 11, 2.º piso, el hombre que no ha salido en dos años de su piso,

#1. redoble de tambores —

#4. De repente puede atravesar paredes.

#3. Casa 3, 12.º piso, un hombre lleva dos años sin hablar con nadie, ni siquiera consigo mismo, pero ahora se pone a cantar — Canta —

El hombre canta.

#1. La mujer del piso 13 de la casa 1, que día a día va perdiendo una parte más de su memoria, de repente es capaz de recordar cada uno de los momentos de su vida y a partir de todos esos recuerdos teje una red de seda ante los ojos del atónito público.

El hombre canta.

#2. Casa 2, 5.º piso: el hombre que no sabe leer se sienta a la mesa de su cocina, coge un bolígrafo y escribe la primera frase de un cuento: érase una vez un hombre:

#1. Casa 7, 4.º piso, una mujer es por fin el hombre, en el que siempre quiso convertirse; pasó una vida entera en el cuerpo equivocado —

#3. Y el hombre en el 7.º piso de la casa 4 es por fin la mujer que siempre quiso ser, desde que era niño —

#4. Y solo unos pocos minutos después, los dos se encuentran por casualidad, abajo, en el borde del descampado, frente a la farmacia, porque ahora tienen que comprar un montón de cosas que antes no necesitaban, se sonríen, y más tarde se hacen pareja.

El hombre canta.

#2. La mujer con la compulsión de lavar, casa 9, 12.º piso, flota suspendida en una pompa de jabón por encima del atónito público.

#5. Aaaaaaaah —

Mandolina.

#3. La mujer, que casi se muere de hambre, hornea un pastel, casa 6, piso 3.º.
El pastel huele que alimenta.

#1. El hombre, que no se levanta desde hace días, vuela de trapecio en trapecio bajo la cúpula del circo —

Clarinete.

#5. El hombre, que trabaja todas las noches y luego no puede dormir, se hunde en un sueño tan profundo que sueña que llega a casa del trabajo, que cierra los ojos y duerme y sueña que —

El hombre canta.

#3. En la pista, la mujer con seis hijos hace malabares con sus seis hijos, los niños vuelan por los aires y cada uno de ellos lleva a cabo otro truco — pero, entonces, el marido de la mujer, visto por última vez en la costa del norte de África, entra al galope montado en un camello blanco —

#2. Casa 11, 2.º piso:
la mujer de la ventana fuma ya su cuadragésimo cigarrillo de hoy y ahora exhala un aro de humo a través de un aro de humo y luego exhala otro aro de humo a través del aro de humo, que exhaló a través del aro de humo, y entonces exhala a través del aro de humo, que exhaló a través del aro de humo, que exhaló a través del aro de humo, que exhaló a través del aro de humo, un aro de humo más —

#4. *(Público atónito.)* Aaaaaaaah —

El hombre canta.

#1. El hombre, que grita a su mujer, se convierte en un oso en bicicleta —

Un hombre como un oso en bicicleta.

#5. La mujer, que grita a su hija, se convierte en un pájaro —

La mujer como un pájaro.

#3. Y el hombre con los cuatro cortes profundos en la cara tiene de repente de nuevo la piel suave —

Pausa breve.

#1. Así es como debería de ser —

El hombre deja de cantar.

#4. Así es como debería de ser, pero —

#3. Pero así no es —

Pausa. Trompeta.

#1. Generalmente, cuando Narva, el director, con la sombrilla roja japonesa y con la batuta, en otras ciudades y países, mezcla el día y la noche, y las manecillas de los relojes corren simultáneamente hacia atrás y hacia delante; cuando es simultáneamente hoy, mañana y ayer, entonces, allí, en otras ciudades y países, los chinos se vuelven de repente congoleños, y los congoleños se convierten en coreanos, los vietnamitas se convierten en alemanes y los alemanes en sirios, pero los sirios se convierten de repente en polacos y los polacos en nigerianos, los rusos se convierten en turcos y los rumanos son de repente sudaneses —

#5. Y el joven libanés sería ahora, de repente, el vendedor de fruta y verdura.

#4. Y el vendedor de fruta y verdura, al que aquí en el barrio llaman el chino, ahora de repente sería el libanés — contemplándose:
el pecho ancho, las manos toscas, piensa —

#5. La espalda encorvada, los dedos finos —

#4. El vendedor de comestibles en el cuerpo del libanés se ve en el espejo: los ojos, luminosos, nada más que una mentira, nada más que una promesa hueca —

#5. Las arrugas profundas —
Que ella se deje tocar por él —
Que alguna vez se haya dejado —

#4. Pero no es solo el cuerpo —
La risa tonta —

#5. La mirada triste —

#4. ¿Qué ve ella en él?

#5. ¿Qué ve ella en él?

#3. Y entonces el libanés en el cuerpo del vendedor de fruta y verdura estaría de pie a primera hora por la mañana en la pequeña tienda, frente a él los aguacates y las manzanas, y entonces Olga pasaría, de camino al quiosco, tarde como siempre y diría:

#2. dos personas no podrían ser más distintas que tú y yo.
Y entonces cogería una fruta de una de las cajas y diría: otra vez, ¿cómo se llaman estas cosas?

#2 toma una fruta.

#5. Y entonces el libanés en el cuerpo del chino le contaría una historia, que él mismo no habría oído jamás — acerca de la princesa china Li Chi y acerca de su padre, el Emperador de China, y de sus árboles frutales, prohibidos en la Ciudad Prohibida de Pekín, y entonces Olga le miraría tan fijamente — es decir, no a él, sino al vendedor de fruta y verdura, en cuyo cuerpo está metido — de una manera en que nunca antes había mirado al libanés y como nunca más le volverá a mirar —

#4. Sin embargo, el vendedor de fruta y verdura se encontraría en el cuerpo del joven libanés por la mañana en la tienda de bricolaje, y entonces pasaría Olga, de camino al quiosco, aún más tarde de lo habitual, y ella diría: ¿sabes de qué tengo ganas realmente ahora? — Y entonces desaparecía con él, con el chino, en el estrecho pasillo con los tornillos, y le miraría fijamente como nunca nadie le mirará ni le ha mirado jamás —

Pausa breve.

#3. Y ambos hombres se volverían locos.

Pausa breve.

#5. Ambos hombres locos de celos por el cuerpo del otro, en el que ellos mismos estarían metidos en ese mismo instante, porque el hombre de la cara blanca lo habría cambiado todo —

#4. Y luego por la noche — después del trabajo —

#5. Después del trabajo — El libanés en el cuerpo del vendedor de fruta y verdura cierra la pequeña tienda, empuja la reja delante de la puerta, conoce cada movimiento de la mano a pesar de no haberlo hecho nunca antes —

#4. Ahí ya está sentado el chino en el cuerpo del libanés con Olga en la azotea, en lo alto del barrio, ahí, donde Olga y el libanés siempre van desde que se conocen; pero el chino nunca ha estado aquí, bien arriba por encima del descampado, a pesar de la lluvia, bajo un pequeño tejado de chapa ondulada, que Olga misma habría construido —

Pausa breve.

#2. ¿Sabes qué me estoy imaginando?

#5. ¿Qué? ¿Qué te imaginas?

#2. ¿Qué pasaría si construyéramos algo? —

Pausa breve.

#5. Y entonces el libanés en el cuerpo del chino subiría a la azotea, se pegarían, pero el chino en el cuerpo del libanés es más fuerte, mucho más fuerte y más joven que el libanés en el cuerpo del chino — eso el muchacho no lo había pensado, eso lo había olvidado — y entonces ambos, encajados el uno en el otro, caerían de la azotea —

Pausa breve.

#3. Redoble de tambores.

Pausa. A cámara lenta.

#1. Dos hombres cayendo hacia las profundidades.
Están
entrelazados, encajados —
Caen gritando,
trece pisos hacia abajo
hacia una muerte segura,
pero mientras caen
hacia una muerte segura,
trece pisos más abajo,
gritan:
devuélveme mi vida —
devuélveme mi vida,
devuélvemela —

#5. Trompeta —

#3. Y en ese momento
dos hombres se estrellan contra el techo de la carpa del circo.

#2. Bramido del público.

#4. Ese sería el momento
en que nos caemos por la cúpula de la carpa del circo —

#5. Bramido del público.

#1. Ese — ese sería el momento, en el que los dos hombres estarían de pie en la pista frente al director que llora y sonríe, mientras el público grita y alguien lanza una botella y salta un destello y la carpa se prende en llamas y todos arden, como todas las noches en el Circo Narva — ese sería por tanto el momento, en el que los mismos dos hombres, el libanés y el vendedor de fruta y verdura, de pronto, se estrellarían contra la cúpula de la carpa del circo.

#3. Simultaneidad —

#4. Bramido del público.

Pausa breve.

#3. Sin embargo —

#1. Sin embargo —

#3. No es así.

#1. No va a ser así.

Pausa breve.

#5. Así no es.

#3. Cero hechizo.

Pausa breve.

#1. Es como si —

#3. El hombre de la cara blanca y la sombrilla japonesa roja alza la pequeña batuta en el aire, es como si estuviera a punto de mezclar el día y la noche, pero entonces —

#1. Entonces se queda congelado —

#5. Se queda congelado —

#4. Congelado — Como —

#2. Redoble de tambores.

#3. El mago helado.

#3 se congela.

#1. Ciego, el tiempo da un paso tras otro —

Pausa breve.

#3. Y no ocurre nada —
#1. De todo lo que debería ocurrir —
#4. No ocurre nada —
#3. Nada —

Pausa breve.

#2. Las cortinas ondeantes bajo la lluvia, casa 2, 8.º piso no son más que cortinas ondeantes —

#5. Los conejos del pequeño balcón de la casa 4, 9.º piso, no se convierten en elefantes —

#4. Casa 11, 2.º piso, el hombre que no ha salido de su piso en dos años, de repente no puede cruzar —

#1. Y la mujer del 13.er piso de la casa 1 sigue perdiendo día tras día una parte de su memoria —

#2. Casa 2, 5.º piso: el hombre que no sabe escribir ni leer no sabe leer ni escribir —

#1. Casa 7, 4.º piso, la mujer, que siempre quiso ser hombre sigue siendo mujer —

#3. — Y el hombre del 7.º piso de la casa 4, que siempre quiso ser mujer, sigue siendo hombre —

#2. La mujer con la compulsión de lavar se lava las manos —

#5. La mujer que prácticamente se habría muerto de hambre no hace pasteles: casa 6, piso 3.º.

#1. El hombre que lleva días sin levantarse no se levanta, no vuela de trapecio en trapecio —

#5. El hombre que trabaja todas las noches y luego no puede dormir no puede dormir —

#3. La mujer con seis hijos sigue esperando una señal de vida de su marido —

#2. Casa 11, 2.º piso:
la mujer de la ventana fuma hoy su cuadragésimo cigarrillo.

#1. El hombre le grita a su mujer. No se convierte en un oso en bicicleta.

#5. La mujer que grita a su hija no se convierte en pájaro —

#3. Y el hombre con cuatro cortes profundos en el rostro tiene cuatro cicatrices en la cara —

Pausa breve.

#1. Y el día es el día y la noche es la noche,
los chinos son los chinos, los congoleños son los congoleños, los coreanos son los coreanos, los vietnamitas son los vietnamitas, los alemanes son los alemanes, los sirios son los sirios, los polacos son los polacos, los nigerianos son los nigerianos, los libaneses son los libaneses, los rusos son los rusos, los turcos son los turcos, los rumanos son los rumanos y los sudaneses son los sudaneses —

#5. Y el joven libanés es el libanés de la tienda de bricolaje —

#2. Y el chino es el chino,

#4. y el vendedor de fruta y verdura, a quien aquí en el barrio llaman el chino es el vendedor de fruta y verdura —

#3. Y entonces estaría el vendedor de fruta y verdura por la mañana en su pequeña tienda, con la radio encendida y con las noticias de todo el mundo.

Noticias de todo el mundo.

#4. Y entonces pasaría Olga, de camino al quiosco, tarde como siempre, y diría:

#2. dos personas no podrían ser más distintas que tú y yo.

Pausa breve.

Y entonces cogería para sí una fruta de una de las cajas
y dirá: ¿cómo se llaman estas cosas, otra vez?

#2 coge una fruta.

#5. El libanés está de pie en la tienda de bricolaje por la mañana, y entonces pasa Olga, de camino al quiosco, incluso más tarde de lo habitual,

#2. y ella dice: ¿sabes de qué tengo ganas de verdad ahora? — Y luego desaparece con él en el estrecho pasillo de los tornillos —

Pausa.

#3. Y simultáneamente —

#1. Bajo la cúpula de la carpa de circo —

#3. La joven de la cuerda, ciega —

#1. Fuego —

#5. — Y simultáneamente todo arde en llamas —

#1. Arde —

#4. Todo arde —

#3. Redoble de tambores —

#1. Simultaneidad —
Redoble de tambores —

#2. Fanfarria —

#3. Trompeta —

Trompeta.

#4. La carpa de circo en el descampado está ardiendo —

#5. Al circo ha ido todo el mundo —

#3. Y nadie, nadie saldrá de ahí con vida — Y todo ese barrio cabe en este sombrero —

#4. Casa 11, 2.º piso, el hombre que no ha salido de su piso en dos años está ardiendo y el hombre que no habla, casa 3, 12.º piso —

#1. Y la mujer sin memoria del 13.er piso en la casa 1 y el hombre que no sabe escribir ni leer, casa 5, 5.º piso —

#2. La mujer que siempre quiso ser hombre y el hombre del 7.º piso de la casa 4 que siempre quiso ser mujer —

#5. La mujer con la compulsión de lavar está en llamas, casa 9, 12.º piso, y la que casi se muere de hambre, casa 6, piso 3.º.

#1. El hombre que lleva días sin levantarse —

#4. El hombre que trabaja todas las noches y luego no puede dormir —

#3. Y la mujer con seis hijos que lleva años esperando noticias de su marido —

#2. Casa 11, 2.º piso:
la mujer en la ventana.

#5. El hombre que le grita a su mujer.

#1. La mujer que le grita a su hija —

#3. Y el hombre con los cuatro cortes profundos en la cara.

Pausa breve.

#1. Nadie escapa al fuego, no escapan los chinos, ni los congoleños, ni los coreanos, ni los vietnamitas, ni los alemanes, ni los sirios, ni los polacos, ni los nigerianos y tampoco escapan los libaneses y los rusos y los turcos y los rumanos y los sudaneses —

#5. Y el joven libanés —

#2. Y Olga —

#4. Y el vendedor de fruta y verdura, a quien aquí en el barrio llaman el chino —

#1. Y el hombre de la cara blanca y la pequeña batuta y la sombrilla roja japonesa —

#3. Y la mujer ciega en la cuerda floja, quien fue la primera en ver el fuego —

#1. Fuego —

#2. Redoble de tambores —

#5. Trompeta —

#1. Y ahora irrumpen los siete tigres ardientes, el clímax de cualquier actuación del Circo Narva —
Están atrapados bajo la lona en llamas, tratan de salvarse, tratan de escapar, pero ¿hacia dónde en la pista redonda?, y saltan a través del humo y arden —
Los tigres ardientes es uno de los momentos culminantes de cada velada en el Circo Narva.

Gran música.

#2. La batuta en el aire —

#4. El público en pleno abucheo,

#1. hacia atrás, hacia delante, las agujas del reloj giran hacia atrás y hacia delante —

#3. Y en círculo —

#5. Alguien lanza una botella —

#1. Un destello —

#3. El Circo Narva es el único de su clase en todo el mundo —

Pausa.

#5. Y todo el mundo se va a casa —

Pausa.

#4. Todo el mundo vuelve a sus casas —

Pausa.

#2. ¿Qué año es ahora?

Pausa breve.

#5. ¿Qué mes?

Pausa breve.

#4. ¿Qué día?

Pausa breve.

#1. ¿Qué día es hoy? ¿Viernes?
¿O sábado?

Pausa breve.

#2. En caso de que hoy sea sábado, llueve como un viernes.

Pausa breve.

#3. Pero, si es viernes, hoy lloverá como un jueves.

Pausa breve.

#2. Apenas hay clientela,
solo una mujer que compró un libro de rompecabezas y una guía de TV —

#4. Olga mira hacia el descampado y se acuerda de antes,
de cuando estaba en la tienda de fruta y verdura con el chino:

#2. y ahora vende cigarrillos y revistas de televisión y golosinas —

Pausa.

#4. Mira, Olga:
cerezas —
Los cerezos también se llaman árboles de la luna,
en los cerezos viven espíritus, ¿lo sabías? —
Curioso, ¿verdad?

Silencio.

Pausa.

#2. Sabes —

#4. ¿Qué? —

#2. Yo —

#4. ¿Qué?

#2. He conocido a alguien —

#4. ¿Ah, sí?

#2. Y no puedo sacármelo de la cabeza.

El libanés baila enloquecido sin música.

#4. Sí, bueno — ¿Qué puedo decir? — Bonito — O triste — Felicidades, tan — O sea que — Con eso no —

Coge una fruta con la mano.

Mira, esto es un —

#2. Él temblaba. Le temblaba todo el cuerpo.

Pausa breve.

#4. Mira, esto es un —
Un tomate amarillo.

Pausa breve.

Y esto es una granada.
Esto también se llama —
Aquí —
Creo que me quedo sin aire —

Pausa breve. Ella llora.

#4. Pero el amor es la cosa más hermosa que existe —

#2. Amor —

#4. Ella siempre había dicho que no sabía mucho qué hacer con la palabra *amor.*

Pausa.

#5. Y entonces el chino llegó a la azotea una tarde, el sol aún no se había puesto —

Pausa breve.

Olga ya le había dicho entonces — Que nosotros —

#2. Allí estábamos, en el sofá, bajo el pequeño tejado que habíamos construido —
Un tejado el tejado —

#5. Tornillos, clavos, algo de madera y chapa ondulada —

#2. Y él solía gritar:
devuélveme mi vida —
devuélveme mi vida,
devuélvemela.

#4 grita.

Devuélveme mi vida —

#5. Gritó el chino,
devuélveme mi vida,
y le dije:
pero ¿cómo?

Pausa breve.

Si no puedo darte algo que no tuviste jamás —

#4. Si no puedo darte algo que no tuviste jamás —

Pausa breve.

#2. Y entonces el chino fue a por el libanés, pero el libanés era mucho más fuerte.

#1. Salto de tiempo —

#4. Sí, bueno — Has conocido a alguien — ¿Qué puedo decir? — Bonito — O triste — Terrible — Quiero decir, ¿estás segura? — ¿Cómo puedes estar segura? — ¿Estás segura?

Pausa breve.

#2. Dos personas no podrían ser más distintas que tú y yo.

El chino tiembla.

#1. Redoble de tambores —

Sirena.

#3. Un redoble de tambor, que crece poco a poco —

#2. Los dos hombres sobre la azotea —

#5. Y Olga.

Flash de magnesio.

#4. ¿Qué es eso?

#2. ¿Qué viene por ahí?

#5. ¿Es esto —

#4. Esto es —

Pausa breve.

#5. Entre las doce casas altas como torres,
un trompetista —

#3. Alguien toca la trompeta —

Trompeta.

#5. Redoble de tambores.

#1. Oscuro.

#3. Fin.

FIN

Layo

Laios

Layo se estrenó en 2023 en el Schauspielhaus Hamburg.

1.1

Una calle estrecha, polvorienta,

bien lejos,
la ciudad.

Todavía es temprano por la mañana,
quizás incluso
justo después del alba,

si bien quizás
ya sea mediodía,

o quizás
bien entrada la tarde,

pronto oscurecerá,

en la calle, un hombre,
un hombre
en un coche
más bien en una carreta
tirada por dos bueyes,

este es
el rey de Tebas,
Layo,
un heraldo se adelanta a caballo,

hace calor,
el coche avanza contoneándose
hacia adelante,

el crujir
de las ruedas del carro.

Cigarras.

En el cielo
ni una sola nube.

Un pájaro.

Pausa breve.

No,
no es un pájaro.

Pero qué es entonces
lo que vuela ahí, en el cielo,
si no se trata de ningún pájaro —

eso es,
eso es un gato.

Pausa breve.

Es un gato
con grandes alas,
y el gato canta,
canta,
grita,

no,
no es ningún gato,
eso es una mujer.
La mujer
allá arriba en el cielo
tiene alas

la mujer tiene alas
y el cuerpo de un gato

o lleva
un vestido verde, refulgente,
y canta,
el gato,
la mujer con grandes alas,
gira bien en lo alto del cielo con el viento,
y canta en la cabeza
del rey en la carreta,

para,
para,
para,
cuándo va a parar esto, esto no para,

tengamos un hijo,
había dicho ella,
tengamos un hijo,

uno o dos o tres o cuatro,
tantos como quieras,
le había respondido él,

Felicidad.
Sonrisas.

Y entonces,
años después,
una mujer vaga

por la ciudad con un cochecito de bebé vacío,
y ella está
desesperada,
porque el pequeño simplemente no se duerme,
si bien de hecho no es ningún niño,

pero dónde estás,
pero dónde estás,
mi bien amado niño,
qué no daría yo,

qué no daría yo
por verte de nuevo,

Salto de pensamiento.

un hombre —
un hombre
mata a su hijo,
el padre
mata al hijo
o lo quiere matar y al final no lo mata,
o fue la madre,
porque el hijo
matará al padre,
y la hija —

¿Qué hija?,
de qué hija estamos hablando,

la hija vuelve loco
a su padre
del mismo modo que ella
volverá loca a
la ciudad entera,

para,
para,

y entonces el hermano
mata a su hermana.
O ella se precipita hacia la muerte.
Aunque sabe volar.
Quizás.

Pausa,
nuevo planteamiento.

Pausa.

Un toro
rapta a una joven muchacha,
nada con ella
hacia mar abierto,
un hombre mata a un dragón
y siembra sus dientes,
y los dientes sembrados se convierten en hombres
que se asesinan los unos a los otros,

un dios desgarra
a la madre de su hijo,

o bien:
ante la visión del padre de su hijo,
una mujer arde,
nada más que ceniza humeante
queda de ella,
el niño en común,
no nato todavía,
se lo cose el dios
al muslo,

y otra mujer
despedaza a su hijo
con sus solas manos,
confunde a su amado niño
con un león,
y ahora corre por ahí
con su cabeza,
con su cabeza arrancada,
así se venga Dioniso,
antes de proseguir su camino sonoramente,
de él, de ella,
de Penteo y Ágave,
quienes se mofaron de él,
bailando desaparecen
las luces de sus antorchas
en la oscuridad,

y Antíope, la hija
del recién fallecido Nicteo,
ha quedado embarazada tras una violación,
si bien también Zeus podría ser
el padre de los gemelos,
que entonces concibe
entre un arbusto en las montañas,
en caso de que los niños no
fueran expuestos ahí
por su tío Lico,
soberano regente de Tebas en vez de Layo,
Layo,
hijo de Lábdaco,
nieto de Polidoro,
bisnieto de Cadmo, más o menos de un año de edad,
gemelos,
arbusto,
montañas,

y el mismo Lico, soberano regente de Tebas, y Dirce, su extraordinariamente violenta esposa, encarcelan a Antíope, que acaba de parir en un sótano, y ahí apagan sus cigarrillos sobre ella, o la encierran en una pocilga y le dejan comer su propia mierda, un día, sin embargo, años después, la torturada mujer logra escapar, quizás simplemente así, como si nada, o quizás con ayuda del padre de los dos niños abandonados, Zeus, y cuando entonces los reencuentra, a los dos hijos perdidos, entonces vuelve con ellos a Tebas, y entonces Antíope se venga, entonces ella se venga terriblemente.

Uno de estos dos hijos se llama Anfión, él toca la lira,
también puede decirse que interpreta la lira, una lira es un instrumento de cuerda,
y Anfión,
quien hace volar las piedras
cuando toca la lira,
él es quien amputa a Lico,
el soberano regente de Tebas,
en lugar de Layo, el hijo pequeño

de Lábdaco,
quien murió en batalla demasiado joven,
los brazos y las piernas,
y entonces le deja
sentado en el trono
desangrándose cual ganado,
Anfión, Lico,
con brazos y piernas amputados,
y la otra,
la mujer, Dirce,
quien torturó a la madre de Anfión
todos los días,
él, quien toca la lira,
la ata detrás de un toro
para arrastrarla hasta morir,
le da al toro un latigazo
y deja que la mujer
sea arrastrada tanto tiempo tras de este
que no queda más que
un pedazo de carne roja,
sin embargo, el pequeño,
Layo,
a estas alturas ya tendrá quizás
cuatro o cinco años,
el último descendiente vivo de Cadmo,
él es el hermano
de la una vez desplazada Europa,
y del fundador de la ciudad de Tebas,
a quien los dioses amaron
como a ningún mortal antes,
y quien al final de su larga vida
buscaba harmonía junto a su esposa
en el Elíseo,
y a cuyo bisnieto, Layo,
de unos cuatro o cinco años,
Anfión deja con vida,
no puede matarle,
sabe que no puede matarle,

pero deja al niño
desprotegido en los bosques,
porque él mismo,
Anfión, quien toca la lira,
quería ser rey de Tebas,
si bien nadie le nombró más
que él mismo.
Hibris. Anfión
y su mujer, Níobe,
no solo transgredieron
la ley de la ciudad,
también ofendieron a
la amada de Zeus, a Leto,
pues fardaban
de su fertilidad
fardaban
de sus catorce hijos,
y luego, todos ellos,
todos sin excepción,
como Anfión mismo,
fueron cazados y asesinados
por los dioses Artemisa y Apolo,
el alto muro
con los siete portales,
que Anfión erigió sobre Tebas,
el muro de piedras voladoras,
no pudo protegerle,
Anfión
finalmente está muerto,

entrada del coro
de ciudadanos de Tebas:

1.2

Y a partir de ahora
reinará en esta ciudad
la mesura,

mesura
y orden
y razón,

sangre alguna
será ya vertida,
ni siquiera
en los altares,

humildad,
esfuerzo,
renuncia,
carencia, también,
podrán al fin
regresar a la ciudad,

ostentación y exceso
y sobrevaloración de uno mismo
y delirio ciego
terminarán para siempre,

la falta de principios
encontrará su fin,

servimos a la ciudad
y honramos a sus dioses,

pero la fe
no servirá a nadie ya
para su éxtasis,

no nos bebemos al dios,
no nos lo comemos,

no hacemos sacrificios por él,
no más incienso,
damos en sacrificio por él
el trabajo de nuestras manos,
cómo podemos estar
más cerca de él,

nuestro trabajo diario
es nuestro rezo,
el dios nos llama
a aquello que hacemos,
y si seguimos este llamado,
le seguimos a él,
y esto nos iguala a todos,
no importa quién seamos,
no importa, si rey o ciudadano
o esclavo,

somos
uno.

El deber es placer,
si bien la adoración del dios
no nos arrastra
como un torrente primaveral,
no, este torrente mueve ruedas de molino
y muele de este modo nuestro grano,

y este torrente
se lleva consigo barcos hasta el océano
y hasta orillas lejanas,

comercio
lleva progreso.

Religión,
cultura,
y economía con igual derecho
libres unas de otras
y a su vez unidas entre sí,
orden del estado y ética
sustituyen locura y arbitrio,
solo la razón
nos vuelve personas libres.
Los tiempos de la superstición
han pasado para siempre:

los animales,
son animales,
y no son ni dioses
ni son demonios,
en ellos no perviven tampoco
nuestros ancestros,

los carneros no son
sino carneros,
las cabras son cabras,
las ovejas son ovejas,
pescado es pescado,
y perro es perro,

no destronamos a ningún dios,
no,
le damos un lugar
en nuestro centro, tampoco
momificamos a ningún gato,
y ya no apoyamos ningún corcino más
sobre nuestro pecho
ni nos colgamos hiedra alrededor
mientras bailamos por las montañas,

aquí ningún dios causa ya estragos
en los locos senderos
de un rayo que todo lo quema
sin leyes,
leyes y forma
nos enseñan geometría, física
y astronomía,

la locura ya no tiene lugar en esta ciudad,

el pino arriba en las montañas,
del que Penteo, maquillado
y vestido de mujer,
se precipitó

antes de que su propia madre
le despedazara,
ya no está en su lugar,
ya hace mucho que hicieron con él
tablas y repisas,

del pasado
construimos una casa nueva,

lo mismo que Cadmo y los hombres sembrados
nosotros le damos al mundo
un nuevo contorno,

e igualmente conectamos
en línea recta
el mañana con el hoy
y con el ayer,
pues este es nuestro principio:

solo los hijos de Cadmo,
y sus hijos y los hijos de sus hijos
pueden reinar sobre Tebas,
nadie más,

ellos son
nuestro muro de protección,
ellos son
nuestra fortaleza.

Dónde está el niño,
hoy hombre joven,
nacido rey de Tebas,
Layo,
el último, en cuyas venas
todavía fluye la sangre del asesino del dragón,
el único descendiente vivo de Cadmo,

traigámosle
de vuelta a la ciudad,

pues esta es su tierra,
su trono,
solo él nos puede guiar,
pues solo él,
solo él y nadie más que él,
es el heredero legítimo
del padre fundador de nuestra ciudad.

Pausa breve.

Antistrofa,
objeción:
quién sabe,
a quién estamos trayendo de vuelta,
de nuevo pausa breve, entonces:
por qué no nos deslindamos
para siempre del lazo del pasado,
quién sabe cómo sea
este Layo,
por qué no reinamos aquí
simplemente nosotros mismos —

Entonces:
objeción contra objeción:
pero
qué pasa si, cuando,
al menos él es —

Interrupción:
¿al menos él es *qué*?,
qué es lo que es,
aparte de aquello que es,
¿y eso qué es?
eso no es nada,
qué tiene que ver
con nosotros —
Los descendientes de Cadmo
realmente no le han traído
fortuna alguna a esta ciudad,

ninguno de ellos,
por favor,
no nos engañemos.

Posteriormente:
discusión minuciosa,
aparecen los conceptos «nobleza»,
«aspiración»,
«élite» y «burguesía»,
y «clase obrera» como base de la sociedad,
«trabajo inhumano» y «ética protestante»,

el papel de la mujer
no juega un papel central,
pues, al margen de otros detalles,
aquí discuten principalmente hombres,

Propuesta:
qué tal un poder compartido:
historia, tradición, casa real: sí.
Diálogo participativo
en todas las decisiones cruciales
de la ciudad y del Estado:
condición irrevocable
sine qua non
o mejor, en griego,
χωρίς αυτό όχι
de los ciudadanos de la ciudad.

Suena bien.

Más de momento no se puede pedir.

Luego aclaramos los detalles.

En conclusión:
cincuenta,
no, cien caballeros,
parten para traer de regreso al rey

perdido a su hogar,
todo el enojo
y todo el deslumbramiento
encuentran un fin al fin,
hoy empieza
el futuro
hoy empieza
la época de la razón,
los cincuenta
o cien hombres montan
cincuenta o cien caballos

y se encaminan a Olimpia,
ahí cerca vive Pélope
y ahí fue visto por última vez Layo,
el legítimo soberano de Tebas,
por lo visto
el muchacho,
que ya tendrá más de veinte años,
trabaja ahí como una especie de profesor de equitación,
pero no sabemos nada más concreto, y eso
que hay fotos en Instagram:
caballos.
Hombres jóvenes.
Mujeres jóvenes.
Todos están buenos.
Todos jóvenes,
nadie con sobrepeso.

Polvo levantado,
séquito de caballeros,
banderas ondeantes,
música, tambores,
trompetas, trombones,
marcha,
esperanza,

Música, tambores, trompetas, trombones.

y entonces llega hasta los hombres,
a cuarenta o cincuenta millas
de la ciudad,
una carreta veloz,
cuatro caballos empapados en sudor
se adelantan con riendas colgantes:

en la carreta
dos hombres jóvenes,
besándose.

Manos.
Lenguas.
Cuerpos.

1.3

Los dos hombres
en estrecho abrazo
sobre la carreta a toda velocidad
por la calzada son:
Layo,
el rey perdido de Tebas,
de unos veinte,
o veintiuno,
y su amado
Crisipo,
Crisipo
es más joven que Layo,
Crisipo
quizás tenga dieciséis,
o diecisiete,
si bien también puede ser
que el muchacho no tenga
más que quince,
y juntos han huido,
juntos se han dado a la fuga
sobre un carruaje robado,

carretera de campo,
estrellas,
viento, así conducen
noche a través,
ey, tú y yo,
solo tú y yo,

Crisipo y Layo
se aman,
se desean,
no pueden parar
de mirarse,
de sonreírse,
de tocarse,
durante la noche,
durante el día,
y donde sea que se encuentren,
simplemente esto no termina,
están locos el uno por el otro,

ey, tú y yo,
solo tú y yo,

pero ahí, de donde vienen,
no podía haber habido nada de todo esto,
si alguien los hubiera visto allí
con las manos entrelazadas
o con los brazos entrelazados,
les habrían crucificado,

y por fin
ya no aguantaron más,

vámonos a Tebas,
dijo Layo,
allí soy rey,
creo,

aunque la última vez que estuve
tenía cuatro años,
risa exacerbada,
idea absurda,
no es que me importe para nada,
lo único
que me importa en este mundo eres tú,
amado mío,
no tengo otra cosa,
pero me pertenece
una ciudad entera,
me pertenece un país entero,
eso nunca te lo he dicho,
en realidad, soy de profesión bisnieto,
risas,
de profesión,
risas casi histéricas,
de tanta risa estertórea
no puede ya ni hablar,
de profesión bisnieto,
ven, bésame,
bésame,
hazme el amor,

y una noche
huyeron,
después de que la luna se pusiera,

y por miedo
al padre de Crisipo

y a sus hermanos,
quienes les perseguían,
azuzaron
a los caballos la noche entera —

Con todo también podría ser
que Crisipo no tuviera dieciséis o diecisiete,

ni tampoco quince,
sino diez u once.

U ocho o nueve.

Puede ser,
también se dice
que Crisipo y Layo
no se escaparon
juntos,
ey, tú y yo,
sino que Layo
raptó a Crisipo —
Y que el muchacho
lloró amargamente
en el coche a toda velocidad,

el gato en el cielo,
canta en la cabeza
del rey sobre la carreta,

para,
para,
para,
cuándo para esto,
esto no para,

y después el muchacho
se suicidó,

continuación
de la variación precedente:
hazme el amor,
amado mío,
en mis venas
corre la sangre
de un asesino de dragones,

y ambos,
Crisipo y Layo,
no pueden parar
de mirarse,
de tocarse,

bésame,
hazme el amor,
vayámonos a Tebas,
allí soy rey,
risas exacerbadas,
imagen absurda,
me pertenece
una ciudad entera,
me pertenece
un país entero.

1.4

Veinticinco años más tarde,

en el mismo lugar en la calle,
al alba,

quizás ya sea
incluso mediodía

o de noche,

la calle,

la calle polvorienta,
más bien una pista,
casi un sendero campestre, estrecho,
que se bifurca en alguna parte,
a derecha
y a izquierda,
un camino

se vuelve tres,
en el cielo:
un gato.

Pausa breve.
Renovado intento.

Al alba,
la calle polvorienta, estrecha,
que se bifurca
hacia la derecha
y hacia la izquierda,

o bien:
visto de otro modo,
o desde arriba,
hay dos calles,
que se vuelven una,

Pausa breve.

un hombre en una carreta,
quizás
el hombre también vaya a pie,
puede ser
que el hombre,
Layo, rey de Tebas,
esté de camino en un coche o en una carreta,
y que un heraldo se adelante a caballo,
y tres hombres caminen junto al carro,
pero cuando un rey
viaja solo con cuatro hombres,
para eso bien podría viajar solo,
quizás sea ese
el sentido de este viaje:
estar solo.
Dejar tras de sí ciudad y estado.
Reflexionar.

Solo que a él
esa cosa en el cielo,
el gato,
el pájaro,
la mujer alada que canta,
no le dejan reflexionar,
pues no para
de cantar en su cabeza.
Le va a volver loco.

Para,
para,
para.

Tengamos un hijo,
había dicho ella.
Tengamos un hijo.

Sonrisas.
Felicidad.

2.1

Entrada de un rey,
a quien nadie conoce,
en la ciudad de Tebas,

coro de ciudadanos:
te saludamos, soberano nuestro,

trombones, tambores, trompetas,
un anciano,
el corifeo
ha preparado un texto,
el anciano lee
de un papel
las siguientes frases
con manos levemente trémulas,
radiante como la luz
de Febo Apolo
brille también tu reinado
y que sirvas desde tu alto estamento
con modestia,
inteligencia y humildad
a los dioses,
así como a la ciudad,

principalmente viene aquí a expresarse la
alta expectativa
de la ciudadanía entera de Tebas,
si bien el corifeo,
por miedo, se expresa complicadamente

y también de manera algo rimbombante
para luego, sin embargo,
ir al corazón de la cosa,
se trata de la relación
y de la responsabilidad
del individuo
con respecto a la comunidad,
no importa qué rango ostente en ella.

Risotada del joven rey.

Risotada.

Desconcierto,
leve inquietud en el grupo del coro,
entonces: continuación del discurso de bienvenida:

Tebas, Cadmea, es grande,
y Tebas es joven,
y del mismo modo que un árbol joven,
bajo fuerte tormenta, no se parte, sino que se tuerce,
y se vuelve a erguir tras el mal tiempo,
para crecer más y más —

Las próximas líneas de texto
se vienen abajo a nivel acústico
porque bien cerca de allí
salta la alarma de un coche,

entonces:
somos fuertes,
la ciudad es fuerte,
sin embargo, no somos nada sin ti,
pues alguien debe gobernar la ciudad,
y ese puedes ser solo tú,
pero no olvides,
tú no eres nada
sin nosotros tampoco,
el poder y la libertad

no son lo mismo,
el poder es responsabilidad,
el rey
domina la ciudad,
y del mismo modo
esta reina sobre él.

Mirada sobre el joven acompañante del rey.

La libertad individual
no existe,
la libertad individual
es siempre
la libertad de todos,

delirio,
pulsión,
y la abstracción de sí mismo
de un espíritu atrapado en la niebla
ya nos han conducido
más de una vez al abismo,

puedes pensar
que solo eres responsable de ti,
pero estás en la fila de aquellos
que te precedieron
así como en la fila de aquellos,
que te seguirán,
lo que hagas
y lo que no hagas,
modifica el rostro de la ciudad,
del estado,
y con ello también
el rostro del mundo,
lo que hagas
y lo que no hagas,
cambia nada más y nada menos
que el futuro de todos.

Crisipo ríe,
incrédulo quizás,
o porque
no está cómodo con lo dicho,
quizás también
tenga dificultades
con el dialecto local,

qué quieren decir con eso,
¿lo entiendes?

Silencio.
El ruido de un avión
sobre la ciudad.
Clicar aislado
de cámaras de fotos.

2.2.1

Respuesta de Layo
al consejo de los ciudadanos de Tebas:
yo soy
el soberano de esta ciudad,
y nadie más,
y por ello soy yo
y nadie más
mi propio soberano,
no vivo a la sombra de un pasado
que no es el mío,
y no vivo
a la sombra de un futuro
que quizás no alcance a vivir jamás,
y sin duda no vivo
a la sombra de un presente,
que quiere convertirme en algo
que no soy.
Tú te crees,
que podrías hablar por mí,

pensar, hacer,
pero no sabes,
quién soy yo,
no formo parte de vosotros,
no os conozco,
no me conocéis,
y con todo soy vuestro rey.
El único
de quien me acuerdo
en esta ciudad
es de Anfión
y él le amputó
frente a mis ojos
a mi padre de acogida Lico,
los brazos y las piernas,
y dejó que se desangrara
como un cerdo,
ese es mi único recuerdo
de vuestra ciudad.
Me dejó en los bosques
entre serpientes y arañas,
del mismo modo que le abandonaron a él,
solo que ningún dios me salvó
como a él,
de igual modo
que ningún humano me salvó,
tampoco tú, nadie,
de entre quienes aquí están,
mi vida es un enigma,
durante años viví
en lo hondo de los bosques,
más animal que humano,
él ríe,
hasta que un rey me encontró,
Pélope, que me retuvo en los establos
con sus caballos,
porque no entendió,
quién o qué soy.

¿Qué soy yo?
Soy el ladrón
de su hijo.

En este punto,
el rey sonríe.

Yo
no soy como vosotros.
Puede ser que mi vida
sea un enigma para los dioses,
que no me salvaron,
que no ansiaban sino mi muerte,
yo soy, aun así,
la coronación de su creación,
porque ellos mismos
no me comprenden ya.

Nosotros,
vosotros y yo
somos extraños,
y con todo a partir de hoy
seré vuestro soberano.
Os arrodilláis frente a mí,
y yo no me arrodillo
frente a vosotros. No me arrodillo
frente a nadie
en este mundo,
excepto frente a ti,
quizás,
y entonces besa a Crisipo,
el efebo a su vera,
en la boca.

2.2.2

Aquello de lo que
no habla Layo,

cuando el consejo de ciudadanos
le saluda a las puertas de la ciudad,
cuando un golpe de viento le arranca
a un viejo un manuscrito de las manos,
se dispersan trémulas las hojas al vuelo,
y un soporte de micrófono se cae,
acoplamiento retroactivo,
y alguien viene y le alcanza a Layo una corona,

aquello de lo que Layo,
el nuevo rey de Tebas,
no habla,
aquello acerca de lo que no dice nada,
es de las noches,
por aquel entonces,
de niño,
de joven,
arriba en los bosques,
donde le abandonaron
para que se muriera de hambre
o para que fuera asesinado por algún animal salvaje.

No dice nada al respecto
de cómo aprendió en las montañas,
con las solas manos,
a cazar animales,
y luego a comerse
su carne todavía caliente,
a menudo conejos, corcinos,
ardillas, también pájaros,
perdices, cuervos,
pero también comió larvas,
capullos y gusanos
y orugas y sapos,
babosas, hormigas,
lo que encontraba,
medio loco de hambre
y soledad.

Él, el soberano coronado
de la ciudad de Tebas,
con todos sus luminosos bulevares
y cines y teatros
y excelentes restaurantes,
no dice nada de su búsqueda
por aquel entonces en el bosque, en la montaña,
de raíces comestibles,
bayas, hojas
y helechos,

no dice nada acerca
de qué se siente al arrancar
solo con los dientes
y las uñas de los dedos
la piel del vientre de un jabalí,
hurgar en la grasa amarilla,
durante el frío,
tirar de las vísceras
humeantes del animal
para ponérselas
alrededor del cuello
y de los hombros,
aquel olor, el olor
a sangre y heces
no lo olvidará jamás,
jamás,

como un abrigo
como una segunda piel
llevó consigo
el cadáver destripado,

y no dice nada acerca
de cómo el bosque,
a la hora del ocaso y por la noche,
se transforma, se transmuta
con el bochorno,

y bajo la lluvia,
y bajo la nieve,

acerca de cómo está allí sentado,
en plena naturaleza salvaje,
sin moverse,
perdido,
durante horas,
hasta que luego se levanta,

hasta que luego se alza
y comienza
a hablar con los animales,
y escucha las respuestas de los animales,
del lince,
de los lobos,
de los pájaros,
el muchacho comprende a cada animal,
comprende a la lluvia,
que desprende la corteza de los árboles,
comprende al viento
en las hojas,
al sol, a la luna,

y entonces llega su padre
con el cuerpo de un búho
y la cornamenta de un ciervo,
puede sentir su aliento,
bien cerca tras de sí,
en la oscuridad,

y llega su madre,
que murió durante su nacimiento,
ella es una zorra
con la cabeza de una libélula
y la cola de un pez.

El rey de Tebas,
un muchacho que en invierno

habla con los copos de nieve,
y que en verano
roba la miel a las abejas
con los dedos llenos de picaduras,
tiene sus propios dioses,
ahí está el dios del deshielo,
io, io,
ahí está el dios del barro,
y ahí está la diosa del fuego
y del hambre y de la soledad,
y el agua le susurra
en estanques y ríos,
de las piedras refulgentes a la luz de la luna
surgen náyades,
el muchacho, el niño,
tumbado de noche con los ojos cerrados,
entre la espesa hiedra escucha
cómo anochece,
y escucha
cómo entonces el sol
cruza el cielo,
puede oír las nubes
y las estrellas,
abre los ojos
y ve un toro,

y el toro le ve a él,
y después sigue el curso de un águila,
y después sigue el curso de una vaca
y avanza por la naturaleza salvaje,
hasta que el animal se derrumba,
y lucha con un dragón
del mismo modo que su bisabuelo, Cadmo,
a quien nunca conoció,
pero a su vez es una marta
a la caza de un pájaro,
y entonces trepa
hasta lo alto de un árbol,

y desde ahí ve Tebas,
pero la Tebas que él ve
no es la Tebas que conoce,
la ciudad en la que nació,
sino una ciudad con cientos de portales
y techos relucientes,
ve pirámides
y hombres con la cabeza de un perro,
de un milano o de un león,
y después le besa una serpiente
con el rostro de una muchacha,
ella vive en una gruta
bajo tierra,
y entonces, un buen día,
trompetas, cuernos,
un grupo de cazadores encuentra
al muchacho en los bosques.

Los caballeros primero confunden
la sombra entre los bosques
con un animal,
azuzan al muchacho con perros
por bosques y acantilados,
pero cuando la jauría que ladra
finalmente le alcanza,
no se abalanza sobre él,
los perros bajan la cabeza
en vez de despedazarlo,
pero ¿esto qué es?,
¿qué cosa es esta?,
dice Pélope,
hijo de Tántalo,
a quien los dioses una vez, según se dice,
de entre muchos miembros sueltos
tuvieron que recomponer,
pues su padre le despedazó
como un asado,
esto qué es, dice Pélope,

es esto un ser humano
o un animal,
¿o algo entre medias
o ambas cosas a la vez?,
y luego deja dormir al muchacho
en sus establos
pero también le enseña
a comer con tenedor y cuchillo,
escolarización, alpha, beta,
coseno y logaritmos,
o sea que tú
debes ser Layo de Tebas,
lo que tú digas,
solo que allí, o sea en Tebas,
reina ahora mismo un loco,
que por lo visto con una lira
puede hacer volar piedras enteras
para así construir la muralla de la ciudad,
por qué no te quedas
de entrada un poco con nosotros,
mira, este es mi hijo Crisipo,
¿no te parece bellísimo?
Su madre era una náyade,
sí, de verdad,
las náyades existen realmente,
aunque no te lo creas,
algunas cosas sencillamente no tienen explicación.
Las muchachas están locas por él,
pero el muchacho dice
que a él solo le interesan los caballos.

2.3

Salida a escena
en la gran puerta del ala palaciega:
una mujer joven
lleva un vestido de boda,

un velo le cubre la cara
y joyas la adornan,
con oro y plata y rosas camina
recta, erguida,
lentamente.

La muchacha
cubierta con el velo, dice:
soy Yocasta,
no me conoces, Layo,
del mismo modo que nadie te conoce,
ni siquiera tú mismo,
pero yo,
mi hombre,
mi rey,
soy tu esposa,
soy tu mujer,
y soy la madre
de tus hijos.

Risas del rey
recién llegado a Tebas,
el efebo, Crisipo,
a su lado, ríe también,
el rey dice:
¿tú eres la madre de mis hijos?
Pero si ni siquiera conozco
tu rostro.

Crisipo vuelve a reír,

Yocasta levanta el velo.

Aia.
Io.
Io.

Tus manos,
tus ojos.

La curvatura del cuello,
tu sonrisa.
La sonrisa, cuando
me viste por primera vez.
Tú
y yo.
Tu bisabuelo era Cadmo,
dice la mujer joven
en el vestido de boda, Yocasta,
Cadmo, quien arrancó los dientes al dragón,
y mi bisabuelo
era Equión,

el primero de los hombres
que luego crecieron de sus dientes de dragón,
juntos erigieron esta ciudad,
el sembrador y el sembrado,
unidos para siempre.
Con nosotros dos,
contigo y conmigo,
y con la sangre
que fluye por nuestras venas,
se cierra un círculo,
y un círculo
es un círculo,
aunque tú
seas un enigma para ti mismo,
hayas estado donde hayas estado,
vengas de donde vengas
y hayas visto lo que hayas visto,
aquí está tu casa,
y nosotros,
tú y yo,
nosotros, somos
el futuro.

Boda.
Anillos.

Arroz
y una banda de viento
o rembético y

aguardiente para todos.
Tebas entera celebra
la nueva pareja de soberanos
Layo y Yocasta.

Ven, dice ella, Yocasta,
la nueva reina de la ciudad.
Te enseñaré Tebas,
ella ríe,
tu ciudad,
tienes un carnet de conducir
o solo vas a caballo,

vespa,
vestido de novia,
ella se monta delante,
él, detrás,

ciao Crisipo,
nos vemos más tarde,
hasta luego.

¿Hambre?
Un hambre de locos.
¿Qué quieres comer?
¿Kebab
o kebab?
Parada en el negocio de comida rápida Pitia,
¿sabes lo que es un kebab?
Menú número dos,
con patatas fritas o con arroz
y Coca-Cola,
¿hay de eso también?, ahí de donde vienes,
¿qué se come allí?,

¿solo te gustan los chicos?,

¿o también te gustan las chicas?,
¿No? ¿Sí?
Menos mal, ya pensaba
que no sabrías qué hacer con unas tetas,
tienes ganas
de follarme en el lavabo,
venga,
tengamos hijos,
es lo que hacen los reyes y las reinas,
tener hijos,
es lo que se espera de ellos,
tengamos un hijo,
dice ella,
uno o dos o tres o cuatro,
tantos como quieras,
contestó él, Layo,
tantos como quieras.

En una esquina
en el puesto de comida rápida
junto a la máquina tragaperras,
una mujer mayor,
cigarrillo,
ojos pintados de negro,
maquillaje blanco, pelo revuelto, esta es Pitia,
a quien pertenece el local,
aunque quizás
solo trabaje aquí,
en la pared tras el mostrador
una postal de Delfos,
por lo visto la vieja puede
ver el futuro,
bueno, quién sabe,
esto es
como con las galletas de la fortuna, sabes,
galletas de la fortuna,

¿sabes
lo que te quiero decir?,
esas galletas de la fortuna chinas
que saben a cartón,

y la mujer de la esquina,
junto a la máquina tragaperras,
la vieja Pitia, dice,
esto no va a acabar bien.

Esto no va a acabar bien.

Pausa breve.

¿Cómo?

Pausa breve.

¿Cómo?

Pausa breve.

No debéis tener un hijo,
porque de tenerlo
él te matará,
Layo,

tu hijo te matará,
y a ti, Yocasta,

contigo se casará
y te dejará preñada.
Tu propio hijo
te dejará preñada.

Esto qué es,
qué es esta mierda,

Layo y Yocasta
salen volando del local

ni siquiera pagan
la cuenta.

Qué ha sido eso,
qué ha sido esa mierda,

vespa,
viaje nocturno por Tebas,
las luces de la ciudad,
gasolineras, cines,
bares y cafés,

olvídalo, dice Yocasta,
olvídalo,
la vieja,
dice siempre chorradas como esa,
olvídalo,

bésame.
Bésame.

Lo que ella, Yocasta,
piensa, pero no dice:
la vieja en el puesto de comida rápida
nunca se equivoca,
diga lo que diga,

acierta,
y acierta siempre.

Pero qué será de ella,
de la reina,
si no tiene un hijo,

qué pasará si Layo
no concibe hijos con ella,
qué si la cambian simplemente por otra,
si el rey simplemente
se busca a otra,

qué si ella, Yocasta,
tiene que pudrirse en cualquier agujero,
mientras que él, gimiendo vigorosamente,
hace hijos con cualquier otra,
pues hijos, herederos
tiene que haber,

la familia
está por encima de todo,
desde siempre y para siempre,
el país entero observa
a la familia del soberano,
y eso no es solo lo que espera el país,
sino el mundo entero:

fotos con el rey,
con la reina y con el hijo
o, en caso ideal,
con los hijos,
y con el *perro*,
¿cómo se llama el perro?
El perro es importante,
¿hay también un gato?,
las novedades
y las exclusivas
son clave,
la reina
sigue trabajando,
¿qué hacía antes?,
¿enfermera?,
¿profesora de parvulario?,
todo eso ya no le hará falta,
qué extraño,
los tiempos
han cambiado, pero, por favor,

y luego sus hijos,
los reales hijos,

irán a la universidad,
o el *heredero del trono*
irá a la universidad,
en caso de tener un solo hijo,
sea como sea,
en la universidad
o en el College de ultramar
tendremos entonces, como es natural,
un *caso,*
por lo visto hubo drogas
y alcohol en juego,
lo importante es
que el chico no debe ir a prisión,
pero poco después:
intervenciones militares en el extranjero,
el heredero del trono pilota
un helicóptero con su nombre de ciudadano,
es un héroe,
vuelve a casa herido,
maduro,
hecho un hombre,
y, finalmente,
lo inolvidable:
el viejo, el gran rey
que una vez sacó al país de la oscuridad,
entonces,
nos deja para siempre,
conmovedoras imágenes de su entierro,
el último adiós de la familia junto a su tumba,
le rinden saludo,
y entonces
cambio de relevo generacional,
nuevos tiempos irrumpen,
futuro, progreso,
y transformación,
todo cambia,
pero la línea se mantiene,

la familia
continúa
y continuará para siempre,
viva el rey,
la familia es inmortal,

esto es
lo que se espera de ella, de Yocasta,
y esto es,
lo que tiene que cumplir,
la línea de soberanos
no debe acabar con ella,
como si ella fuera tierra infértil
o yermo erial.

Poder es responsabilidad,
el rey gobierna
sobre la ciudad,
y esta gobierna sobre él,
pero quién gobierna aquí,
quién puede gobernar aquí todavía,
si aquí un vaticinio
o mejor dicho el griterío
de una mujer con los ojos pintados de negro
que quizás no sea sino
una actriz
determina el destino del país.

Lápiz de ojos como pronóstico,
de qué va todo esto,
de verdad, solo faltan
pachuli, THC y LSD.

Io, io,
aia, aia,
io, io.

Pausa breve.

Lo único,
¿qué ocurrirá
si el oráculo no se equivoca,
y ella, la joven reina
y el joven rey,
recién casados,
desatienden igualmente
la profecía de la Pitia?
¿Qué o a quién
ponen entonces en el mundo?
¿Qué ocurrirá entonces?

3.1

La calle.
Bochorno.
En el cielo,
el gato.
El pájaro.
La mujer.
Layo, rey de Tebas,
en su carreta,
o también de camino a pie.
A lo lejos, en el horizonte,

un hombre
que camina hacia él.
¿Quién es?,
se pregunta Layo.
¿Quién se acerca?
¿Quién es?

Cada uno de estos hombres
todavía ve
al otro,
solo, a lo lejos,

el canto de la mujer
llena el cielo entero,
y luego lo hace reventar
como una puerta echada abajo.

Pausa breve.

Es de noche,
bajo la blanca luz de la luna,
un hombre de pie,
borracho,

el hombre brama,
el hombre está
en el patio de su propia casa,

grita,
brama,
el hombre está borracho perdido,
abre la puerta,
abre la puerta,
abre la puerta,

grita Layo,
rey de Tebas.

Pausa breve.

Detrás de la puerta cerrada por dentro:
Yocasta,
su esposa,
reina de Tebas,
joven, carente de hijos,

no,
detrás de la puerta cerrada por dentro,
un mancebo,
quizás siete
u ocho,

Crisipo,
un niño secuestrado,
arrastrado, robado,

y el hombre, Layo,
echa ahora la puerta abajo,

la madera salta,
y entonces viola al muchacho,
a Crisipo,
y el muchacho
no para de gritar,

para,
para,
para,

y después el muchacho
se ahorca,
afuera,
del árbol del patio,
bajo la luz de la luna,
el muchacho musita
una maldición,
y después se ahorca,

la mujer
canta en el cielo,

no,
Crisipo
no es un niño,
Crisipo
es un hombre joven,
nunca fue secuestrado,
Crisipo
es el hijo de Pélope
y de la ninfa Axioque,
es el muchacho más hermoso
que el mundo ha visto jamás,
y ellos han huido a Tebas,
se aman,
son una pareja,

o bien no es de noche,
no hay ninguna luna en el cielo,

es temprano por la mañana,
ahí está el camino,
la calle estrecha
que se bifurca,
hacia la derecha,
hacia la izquierda,
dos hombres
caminan el uno hacia el otro,
y sobre ellos,
en lo alto del cielo,
el pájaro,
no, el gato,
no, la mujer,
la cantante con alas.

Pausa breve.

Solo que no es temprano por la mañana,
es mediodía,
y hace un calor tórrido.

De un momento
a otro
callan las cigarras.

Pausa breve.

Bochorno.
Polvo.

Pausa breve.

No,
la puerta no está cerrada por dentro.

La puerta
está abierta de par en par.

Pausa breve.

Layo,
rey de Tebas,
oye una voz,
si bien no hay nadie
hablando con él,
la voz
canta en su cabeza.

Pausa breve.

Ven hacia mí,
amado mío, ven.
Por qué no me abrazas,
ven, abrázame,
tócame,
tengamos un hijo,
eso es lo que hacen los reyes y las reinas,
tener hijos,
eso es lo que se espera de ellos,
no te creas al oráculo.

Pausa breve.

No,
no es mediodía,
pronto oscurecerá,
el sol ya está
bien por debajo de las montañas
en el oeste.

Una mujer
empuja un coche de bebé vacío
frente a sí e intenta
calmar a un niño,
que no está.

Los dos hombres,
que van al encuentro el uno del otro en la calle estrecha,

se detienen,
exclaman:

¿quién eres?

Pausa breve.

¿De dónde vienes?

Pausa breve.

¿A dónde vas?

Respuesta de la mujer en el cielo
con cuerpo de gato:

soy tu hija.
Soy tu hijo.
¿Qué hija?
¿Qué hijo?
Soy tu padre,
y yo soy tu hermana,
yo soy tú.

El sol se esconde detrás de las montañas.
Penumbra.

Uno de los dos hombres es un viajero,
el otro
es un rey,
pero cuál es cuál,
o va el hombre al encuentro de sí mismo,
no,
sí,
no,
y cuántos años tiene él,

es por la mañana,
al mediodía,
o de noche,

la cosa en el cielo canta,
¿quién eres?,
¿y qué quieres?
¿Qué quieres de mí?

Los dos hombres
se parecen salvo en el cabello,

solo que uno es más joven,
veinte años más joven,
más mayor,
más joven,
¿qué eres?,
¿qué eres?,
¿eres un demonio?,
exclaman los dos hombres,
gritan
como si le bramaran
a un espejo,
sal de mi camino,
solo que cómo podría el propio reflejo
salir del propio camino,

no,
el rey no grita,
el rey
abre la boca,
pero no sale palabra alguna de su boca,
¿eres tú?,
quiere decir,

había una vez un rey
caminando a pie de camino a Delfos,
hacia el oráculo de la Pitia,
que diecisiete
o veinte años atrás
había engendrado con su joven esposa un hijo,
a conciencia, o contra la voluntad de ella

o contra la suya propia,
tal vez, quién puede saberlo,
y entonces vino el niño al mundo,

el hijo, y entonces ellos,
Layo y Yocasta,
perforaron sus pies,
le ataron
y recién nacido
le dejaron de lado,
le abandonaron,
y luego diecisiete o dieciocho años más tarde,
padre e hijo
van al encuentro del otro en un camino estrecho,

sal de mi camino,
grita el uno,
grita el otro.

Por qué no me abrazas,
ven, abrázame,

susurra la mujer
en el cielo,

Pausa breve.

y entonces los dos hombres avanzan
por el camino estrecho,
ahí, en el punto en el que se bifurca,
o donde dos calles se convierten en una,
el uno hacia el otro
como si pisaran
su reflejo en el espejo
se pisan el uno al otro,

la mujer canta,
los dos hombres se pisan
el uno al otro,

entonces dan la vuelta,
miran hacia atrás,
pero ahí no hay nadie.

Ahí no hay nadie
más que ellos mismos.

Y, entonces,
qué ocurre entonces,

posibilidad uno:

entonces,
entonces, Layo,
el joven rey de Tebas,
vuelto hace tres veranos
del exilio,
con los otros, cerca de las vías,
justo antes del puente,
como siempre,
ahí están siempre,
él y los otros,
Tiresias y Creonte,
y Yocasta y Crisipo,
y a veces también hay una muchachita,
Eurídice,
ahí pasan el verano entero,
fuman,
beben cerveza y oyen música,
se van a nadar,
vuelven,
dime, Creonte,
dice Layo,

¿no prefieres
ser rey aquí?,
¿yo?, ríe Creonte,
¡ni hablar!,

¿seguro?, pregunta Layo,
o tus hijos,
quizás algún día sean reyes aquí —
Qué te parecería,
no, no, dice Creonte,
¿no?, pregunta Layo.
Quién sabe, dice Tiresias,
quién sabe, puede bien ser
que te conviertas en rey aquí,
quién sabe —
Y Creonte dice:
oh, no, jamás,
y luego le alcanza la botella,

Una rara toma de super 8 sin volumen: Layo, Tiresias, Creonte, Yocasta, Crisipo, Eurídice cerca de las vías.
Verano. Cosas para bañarse, cigarrillos, cerveza.

es cierto, Tiresias,
pregunta Layo, más tarde,
mientras mira al cielo,
que una vez fuiste una mujer,
sí, responde Tiresias,
es verdad,
y se ríe por lo bajini,
Layo ríe,
claro, claro que es verdad,

y entonces pasa un tren,
pero el tren
también podría ser una serpiente,
y por el cielo vuela una muchacha que canta
con un vestido verde,

pero tiene el cuerpo de un gato,
y Tiresias de repente es joven,
luego es una mujer,
y luego es
de nuevo un hombre,

solo que mucho mayor
y está ciego.
¿Qué ves?,
pregunta Yocasta,
nada, le responde el viejo vidente,
nada,

y entonces lanzan
piedras a las botellas vacías,
pero apenas aciertan.

Quietud.
Parálisis.

Layo y Yocasta,
atrapados entre el poder y la prohibición,
entre la fe y la duda
y una amenaza horrible.

Están sentados cerca de las vías,
juegan
con sus teléfonos,
van a nadar,
oyen música,
se emborrachan,
y nadie gobierna ya
la ciudad.
Todos están tumbados en la hierba
y miran al cielo.

Más allá de las estrellas,
¿qué puede haber? —
Tiresias, ¿qué hay ahí?

No lo sé,
soy ciego.

Imaginaos
que ahí no hubiera nada,

dice Layo,
imaginaos
que ahí solo hubiera vacío,
imaginaos,
que no hubiera dioses.

Pausa breve.

Layo besa a Crisipo.
Yocasta besa a Eurídice,
que es la novia de su hermano,
Creonte,

pero desde hace tres años,
desde aquella noche en la vespa
el rey y la reina ya no se tocan,
ni una sola vez
se han tocado desde entonces.

Entrada del coro
de los ciudadanos de Tebas:

cuando el soberano de la ciudad
ya no está al servicio de la ciudad,
la ciudad ya no está
al servicio del soberano.
Para qué tener reyes,
cuando los reyes no son reyes,
sino parásitos.
El linaje de Cadmo
puede irse completamente a pique ahora,
pero nosotros,
nosotros no vamos a hacerlo,
y la ciudad no va a hacerlo.
El representante del coro
formula el pensamiento con más precisión:
quien no tiene importancia
para el bien común
carece de importancia

y no merece ningún espacio aquí,
el Estado
son todos, cada quien,
y quien no se somete a servir al estado,
se pone en su contra,
lo mina,
lo vacía,
es su enemigo,
y con ello se coloca
en contra de todos.
Aquí, hoy, en este día,
mirad al sol,
que hoy asciende como por vez primera
en la historia de la humanidad,
terminan la opresión y la esclavitud
y el monopolio y el poder
de los viejos soberanos.
El dragón, Cadmo,
cuyos dientes arrancaste, se levanta,
deberías haber sabido
lo que crece de ellos.

Pausa breve.

Toma del palacio real,
el gran portal
es echado abajo,
griterío,
solo pocos instantes más tarde
Layo y Yocasta son ahorcados o fusilados
o decapitados públicamente,
júbilo,
tambores, trompetas, trombones
y Crisipo
es expulsado desnudo de la ciudad
o encerrado en un campo de concentración,
el muy cerdo contra natura,

en el cielo,
el gato,
los dos hombres que
caminan por la calle estrecha el uno hacia el otro,
al final gritando,
bramando se pisan,
qué pasa entonces,

posibilidad dos:

durante tres años permanece Layo sentado
con los demás cerca de las vías,

ahí está Creonte
y Tiresias
y Crisipo, Yocasta
y a veces también Eurídice.
Layo besa a Crisipo,
pero a su mujer, a la reina,
a Yocasta, no la toca
por tres años
o ella no deja tocarse
por miedo al auspicio de la Pitia,
fuman, beben,
van a nadar y vuelven,
pero en realidad Layo mantiene la mirada fija
por tres años
en la puerta de entrada del puesto de comida rápida
Pitia-Kebab, justo enfrente,
al otro lado de la calle.
A veces sale de allí la vieja,
que se sentaba junto a la máquina tragaperras,
los ojos maquillados de negro,
el pelo revuelto, salida a escena dramática,
como siempre,
si bien solo vacía
un cubo de agua
o saca la basura

y grita en la calle,
ey, Tiresias, cómo vas,
y entonces, Layo se encuentra una noche
borracho en el patio de su palacio,

e irrumpe borracho en la habitación
de su mujer,

la madera salta,
el cerrojo en pedazos,
la puerta vuela,

por qué a mí, de entre
todos los seres humanos
no se me permite tener un hijo,
o es que no soy yo un ser humano,
qué dios
podría prohibírmelo,
¿soy un animal
al cual hay que castrar?,
grita el hombre,
el rey,
Layo,

en el cielo
sobre él,
el gato,

ven aquí,
por qué no me abrazas,
ven, abrázame,

y ella, la mujer,
Yocasta, grita:

para,
para,
para,

pero él no para
y no para y
no para,

y, cuando entonces ella
tiene un hijo,
le perfora los pies,
se los ata
y deja que lo abandonen,
porque esa cosa
no la soporta ya
en la casa,

solo que
nunca fue así,
el hombre, el rey,
Layo,
no derriba ninguna puerta,
porque la puerta está abierta de par en par,

esta es la posibilidad tres:

la luna brilla,
una mujer canta,
se trata de Yocasta,
la reina de Tebas,
ella dice,

ven, túmbate junto a mí,
ven, mi hombre,
rey Layo,

porque Yocasta no quiere y no puede
ser una reina sin hijos,
antes concebirá
a quién sabe quién,
incluso si ese niño,
como dice el oráculo,
ha de dejarla preñada alguna vez,

deja la puerta bien abierta,
canta bajito
una canción de tiempos antiguos,

y Layo, perdidamente borracho, llora,
ya no aguanta más,
quiere amarla,
tocarla,
tumbarse en sus brazos,
y no le está permitido
desde hace tres años,

y ella, bajo la luz de la luna,
ella dice: quién podría
prohibirte nada
a ti, mi rey,
ven, ámame,
ven hacia mí,
al muchacho
también lo tomaste para ti,
eso tampoco
dejaste que te lo prohibieran,

ven, ven hacia mí,
ven.

Pausa breve.

Posibilidad cuatro:

durante tres años intenta Layo,
rey de Tebas, comprender
quién o qué es,
y qué no es,
está sentado en las vías,
junto con los otros,
Tiresias y Creonte, Yocasta
y Eurídice y Crisipo,

mira la puerta de entrada
del negocio de comida rápida, Bar-Pitia,
enfrente,

y entonces, pasados tres años,
Layo se levanta
tira su cigarrillo
y besa a Yocasta en la boca.
Layo dice:
yo no soy ningún enigma,
yo no soy sino yo mismo,
por qué de entre todos los seres humanos,
soy el único al que no se le permite tener hijos, ningún hijo,
por qué ha de matarme mi hijo,
y por qué habría de engendrar hijos con su madre,
qué clase de chorrada es esa,
quién se inventa algo así —
Soy el rey de esta ciudad,
y Tiresias toma un trago,
da una calada a su cigarrillo,
y entonces dice:
lo único que sé es
que —
Y entonces pasa un tren a toda velocidad,

Un tren pasa a toda velocidad.

Esto es una locura,
dice Yocasta,
esto no te lo crees ni tú.

Menuda bobada.
Quién puede saber algo así,
si no se puede ni siquiera saber,
cómo será todo de hoy en un año,
cómo se puede vivir
con algo así,
dice Layo —

Profecías,
no son sino una prisión
sin muros,
dice Layo, entonces, de repente,
lanza la botella entera,
que todavía sostiene en las manos,
se pone en pie,
apaga la música,
quizás se tambalea un poco
o quizás no:

yo gobierno en esta ciudad,
y esta ciudad tiene derecho
a un rey,
que no sea el esclavo
de una predicción o de una profecía,
que nadie puede comprender
y que no tiene sentido
más allá de dañar a este país.
Antes venían los dioses
en persona a esta ciudad,
cuando querían algo,
grita el hombre,
el rey
Layo, y quien o que
se presenta como divino,
yo soy un hombre,
y soy libre,
y libre es esta ciudad.
Cadmo mató a un dragón,
yo ahora destripo
con mis propias manos
un monstruo todavía mayor,
el miedo, la superstición,
y ningún dios y ningún oráculo,
me lo impedirán.
Nosotros, los ciudadanos de esta ciudad,

entre quienes me cuento,
nosotros erigimos nuestro futuro,
nadie más,
nosotros escribimos nuestras propias leyes,
y la ley más alta es el derecho de todos
al bienestar, a la libertad y a la dignidad,
esa es mi promesa
a la ciudad de nuestros padres,
en este país
nadie vivirá más
en el horror constante,
porque alguien crea que oye
el murmullo de un dios,

y entonces vuelve a pasar un tren,

y entonces él se desnuda,
Layo,
y Yocasta se desnuda,
frente a todos,
o se arrancan la ropa,
y lo hacen frente a los ojos de todos,
por primera vez,
gimen, gritan,
manos,
lenguas,
cuerpos,
todos miran,
Creonte y Crisipo y Eurídice,
y el ciego Tiresias lo oye todo
y se enciende un cigarrillo más,
y entonces, después,
Yocasta y Layo parten,
desnudos, tal y como son,
parten,
cruzan la calle,
y tiran, en la ventana de Pitia,

un cubo de basura,
pedazos de cristal,
ellos arrastran a la vieja
de la esquina de la máquina tragaperras,
la mujer gime,
la arrastran hacia afuera
a la calle,
y entonces prenden fuego
a los pelos de la vieja,
y la vieja grita
mientras su rostro arde,
corre gritando
mientras su cabeza está en llamas
a lo largo de la calle, cerca de las vías,

la puerta salta por los aires,

en el cielo

sobre el rey en la carreta
un gato,
la luna brilla,
y a su vez el sol arde
hacia abajo, hacia la ciudad,
o arde la luna,
y el sol no es ya sino
una estrella fría,

y entonces, más tarde,
se besan,
Layo y Yocasta,
el uno en brazos de la otra,
tan juntos como pueden,
por tres veces se amarán
esta noche,
ríen, sonríen,
libres, liberados,
cómo gritaba

la vieja, corriendo a lo largo de la calle,
como un cerdo gruñía,
como una cerda,
a esa no la volvemos a ver jamás,
nadie la volverá a ver jamás,
así hablan,
hasta que al fin se duermen,
y a la mañana siguiente
vuelven a dormir juntos,
y es entonces,
después,
cuando se cuentan sus sueños,
soñé con tu amigo,
Crisipo,
en mi sueño, él lloraba,
decía:
«Te amo», te lo decía a ti
y después se ahorcaba,

y yo he soñado,
decía Layo,
que allí había un hombre,
que con una lira
sabía hacer volar las piedras,
y él me abandonaba
lejos de aquí,
en los bosques,
y allí había una mujer
que me encontraba, más tarde,
en un barranco,
y esa mujer,
que era a su vez preciosa
y fea, y que tenía
el cuerpo de una serpiente,
me criaba, y luego,
cuando me hacía mayor,
se tumbaba junto a mí,
y decía

hijo mío,
mi hermoso hijo,
eres el padre
de todos los enigmas,
eres mayor
que cualquier dios
y que todo monstruo de este mundo,
ven, hazme el amor,
quiero un hijo tuyo,
una hija,
y esta hija, la esfinge,
un día te llevará a ti y a todos los tuyos
a la locura,
y a la ciudad entera,

canta la mujer alada
en el cielo,

hasta que un día te asesinará tu propio hijo,
pues él será
quien descifre todo acertijo,

y entonces,
dice Layo,
mientras tenía en sus brazos
a su querida mujer,
a Yocasta,
la preciosa
a la vez que horrible mujer parió
a una niña
que tenía alas
y el cuerpo de un gato.

3.2.1

El muchacho, Crisipo,
no, ningún muchacho,
no, un hombre joven,

dice, ven,
ven, Layo,
rey,
ámame,
como si solo existiéramos nosotros,
solo tú y yo
y ningún reino
y ninguna ciudad
y ninguna profecía,
ven, deja que te abrace,
como antes,
él llora,
te amo —

3.2.2

Y el coro
de los ciudadanos de la ciudad dice:
ningún peligro,
ningún peligro
es mayor que lo extranjero, nada peor le
puede sobrevenir a un país
sino que la estirpe de sus reyes
deje de protegerlo
y un extranjero
tome el trono para sí,
porque entonces seremos esclavos
y no ya ciudadanos
de un pueblo libre.

Un soberano sin familia
no es concebible,
pues sin familia
no puede haber soberano.

Sin estirpe,
ninguna rama,

ningún tallo,
sin tronco,
ningún árbol,
solo hojas que se lleva el viento,
y a quien esta imagen
a la larga le resulte demasiado botánica
o demasiado retrógrada,
a quien aquí
se considere avanzado,
encarado al futuro,
lejos de tradiciones superadas,
quizás le resulte más fácil,
pensar en un granjero,
en un campo,
por la mañana a las siete,
que está frente al arado,
y quién le va a ayudar
en el arduo trabajo,
sino su hijo,
sus hijos,
sin ellos
finalmente acabará
por envejecer,
por morir de hambre.

Solos
no somos nada.

Si caracoles y mosquitos
y ratas y cucarachas,
todas se reproducen,
y todas ellas
deben reproducirse,
pues si no muere su especie,
por qué no deberían hacerlo
nuestros soberanos,
y por qué no deberían hacerlo,
por nosotros, por todos nosotros.

3.3.1

Y Yocasta
no lleva dos semanas embarazada
cuando Layo besa su barriga,
mi esposa,
mi querida esposa,
y entonces Layo ve algo,
alguien lo ve además de mí,
¿lo ve alguien además de mí?,
en el cielo una cosa,
arriba en el cielo sin nubes,
sobre la ciudad, ¿qué es?

Pausa breve.

Un pájaro.

Pausa breve.

No,
no es ningún pájaro.
Pero ¿qué es entonces,
lo que vuela en el cielo,
si no es un pájaro? —
Aquello,
aquello es un gato.

Pausa breve.

Es un gato
con grandes alas
y el gato canta,
no,
no es ningún gato,
es una mujer.
La mujer,
la mujer en el cielo
tiene alas,

lleva un vestido refulgente,
hace círculos en lo alto del cielo
y canta en la cabeza
del rey,

tengamos un hijo,
había dicho ella,
tengamos un hijo,
uno o dos o tres o cuatro, tantos como quieras,
había respondido él, felicidad. Sonrisas.
Pero con el paso de los días,
con el paso de las horas,
en las que la criatura crece en ella,
crece el miedo,
el miedo a aquello
que crece ahí dentro de ella,
arremolinándose como una ola,
que oscurece el cielo,

3.3.2

nunca te preguntaste,
dice, dice la cosa en el cielo,
nunca te preguntaste,
oh, reina cubierta de oro,
cómo será
cuando tu propio hijo te fecunde,
¿o cómo se dice?,
¿se dice sembrar?,
la agricultura
no es mi fuerte precisamente,

vivo en el límite
de la naturaleza
y de la Ci-Li-Va-Za-Ción
y me van
las musas así en general,

la música, el canto y la ciencia,
en cierto modo,
si bien estoy más a favor de las preguntas
que de las respuestas,
si bien hay respuestas
que más bien abren preguntas,
¿sabes lo que hacen los gatos con los pájaros?,
y ahora imagínate,
que fueras a la vez
gato y pájaro,
y por supuesto llevases puesto
un vestido refulgente,
verde, pienso en lentejuelas
o algo así, aunque no tiene por qué,
¿y qué más?, ¿qué más?,
lápiz de ojos, barra de labios,
eau de cologne,
qué se le va a hacer,
hay respuestas
que pueden matarte, o sea,
quizás, el acento puesto en
quizás, quizás sea mejor
no hacer las preguntas,
solo me pregunto, ¿qué pasará entonces?
¿Lo ves, lo ves?
¡Simplemente esto no tiene fin!
Simplemente esto no tiene fin,
si bien, ¡¿quién sabe?!,
que esto simplemente no tiene fin,
¡esta podría ser la respuesta!
¿Qué respuesta?
¿La respuesta a qué?
¿Me has preguntado algo?
¿Quién de nosotros tres?
¿Yo o yo o yo?
De verdad, no hay nada peor
que las palabras,
y las palabras un día me matarán,

canto estridente en el cielo,

y hola, hola,
papi,
¿me oyes?,
oyes cómo canto
que eres mi padre,
Layo, el novísimo
rey de Tebas,
quien hace nada todavía devoraba larvas
y besaba serpientes,
uf,
yo, en tu lugar,
tampoco se lo habría contado a nadie,
si esto no lo sabe nadie,
y mira que aparece incluso en la enciclopedia,
bueno, bien, quizás más bien como pie de página,
posibilidad o variante,
nunca te has preguntado
cómo será
cuando tu propio hijo te haga saltar la tapa del cráneo,
pero no puede ser de otro modo,
esto lo sabes,
cómo quieres
parirle si no, síííííííí,
ya lo sé, ella le va a parir a él,
tu amada, Yocasta,
pero tú serás quien le va a incubar,
y entonces estallará tu cabeza,
como si alguien arremetiera contra ella
con un garrote,
varias veces, hasta que se parta,
quién lo hubiera dicho,
ven, vayamos de compras,
ven, tú y yo,
padre e hija, sábado por la tarde,
he visto una cosa en
el escaparate,

por la zona peatonal,
en H&M,
y, además,
voy a tener mi paga,
a todos les dan la paga,
todos mis hermanos tienen su paga,
la Hidra, Cerbero y Quimera,
tenemos un grupo de *what's up*,
¿y sabes lo que quiere mamá?,
que, por cierto,
te manda muchos abrazos,
dice que a ver
si la vas a visitar pronto,
antes de que tu propia cría te quite de en medio.

Pausa breve.

El rey
y la reina de Tebas
ya no pueden dormir,
ya no pueden pensar en nada más
que en lo que va a ocurrir,
cuando la criatura venga al mundo,
ya que después
dejará embarazada a su propia madre,
y matará a su padre,

de otro modo
no puede ser,

así será,

así debe ser,
no puede,
no puede,
no puede ser de otro modo,

el rey
y la reina de Tebas

se volverán locos de miedo
ante el monstruo,
que ella lleva en su barriga,
pues nada será más violento que ese engendro,

todo, todo
lo destruirá, todo,

y cuando venga al mundo,
él, pues es un muchacho,
ni siquiera se atreverá a tocarle,
el niño será abandonado,
un pastor se lo llevará
colgando de un bastón
y gritando estridentemente a las montañas,

y desde entonces la cosa canta en el cielo,
el gato,
en las cabezas de todas las personas de la ciudad,
día a día
y año a año.

4.1

Un zapatero clava
sus pies desnudos
en el suelo,

en las escuelas
los niños escriben hacia atrás,

la mujer del panadero
regala piedras,
pues en su cabeza
hace meses que llueven piedras,
cuándo parará todo esto,
cuándo parará todo esto,

un carpintero mete
su mano derecha
en la sierra que gira,
claro,
por supuesto,
y entonces la pule
y redondea los cantos,

un bombero
se quema a sí mismo,

para,
para,
dice Layo,
mientras él
duerme con su esposa,

que duerme con su amigo,
que duerme con él,
pero entonces alguien le clava un cuchillo
al muchacho en el cuello
o se rompe la nuca
o es arrollado por un tren,
y Yocasta corre con un cochecito de bebé vacío
por las calles,
ella canta:
pero dónde estás,
pero dónde estás,
mi niño bien amado,
qué no daría yo,
qué no daría yo
por volverte a ver,

dónde está mi hermanito,
canta el gato alado
con el rostro de una niña,
cuándo volverá a casa,
tengo que preguntarle algo
que yo mismo me pregunto
desde hace tiempo,

cuándo parará todo esto,
se pregunta una enfermera,
que ya no oye palpitar
su propio corazón,
ella dice:
ya no tengo pulso,
y un maquinista cree
que va a toda velocidad por su propia cabeza,
y entonces estalla en plena carrera
una arteria en su cerebro,
fin del raíl, estación terminal,

un guarda de museo
se tiene a sí mismo por un dragón

y se arroja por la ventana,
una mujer canta vestida con un vestido verde,
mientras que, en un mercado de bricolaje,
ropa de servicio naranja de poliéster,
clasifica tornillos en silencio,
piensa que está frente a un micrófono,

y entonces arranca la orquesta,

ella piensa que canta frente a un auditorio repleto,
pero ahí no hay nada,
ahí no hay nadie,

ensordecedor aplauso,
aplauso, aplauso,

fiesta de cumpleaños con globos
para un niño abandonado,
qué bonito que nacieras,
si no te hubiéramos echado tanto de menos,
y así todos los años,
pero cómo se llama el pequeño en realidad,
¿no tiene nombre?

y un albañil
se empareda a sí mismo y a su familia entera,
su mujer y los seis hijos,
contemplan en silencio cómo lo hace,

un hombre,
se trata de Creonte,
hermano de la reina,
sin particulares obligaciones,
una especie de representante permanente,
vieja alcurnia, sangre vieja,
comprometido con la medicina
y con el deporte, con lo social
y con la asociación de carnavales,
si bien no tiene pizca de humor,

intenta imaginarse un futuro,
intenta hacer algo con su vida,
pero todo lo que se propone
se derrumba frente a sus propios ojos,

un vidente ciego
ya no ve nada,
se pierde

y durante años no encuentra
ya el camino a casa,

un grupo
de diez mujeres y hombres,
esto ocurre
un martes por la tarde,
pierde,
de un momento
a otro, el habla,
y no solo eso,
ya no pueden abrir
sus bocas,
mueren de sed,
mueren de hambre,

y un reportero
o un mensajero o
un transmisor de noticias
no puede a su vez
dejar de hablar,
debe y debe
seguir hablando
siempre y siempre,
una y otra vez,
siempre adelante,

y una profesora
lee de un libro:

muchas cosas son inexplicables,
pero quién podría
explicar
el mundo inexplicable
sino el ser humano,

vino el niño al mundo,
el hijo, y ellos,

el rey y la reina de Tebas,
perforaron los pies del muchacho,
le ataron
y le hicieron abandonar,

pero luego
muchos, muchos años más tarde
padre e hijo
van al encuentro del otro,
sal de mi camino,
grita uno, grita el otro,
y los dos arremeten
el uno contra el otro,

y una mujer
con el rostro quemado
abre un puesto de comida rápida,
enfrente de las vías,
en la esquina
una máquina tragaperras,
perfila una ancha y larga línea de párpado
alrededor de los ojos sin pestañas,

bien lejos de la ciudad,
un hombre
en un carro,
es más bien una carreta,
tirada por dos bueyes,
ese es Layo,

el rey de Tebas.
En la lejanía,
en el horizonte, un hombre
viene caminando por la calle.

¿Quién eres?, grita el rey,
¿de dónde vienes?
¿A dónde vas?

Hace calor,
el coche avanza contoneándose
poco a poco,

el crujir
de las ruedas del carro.

En el cielo
una única nube.

Un pájaro.

FIN

Este libro se terminó de imprimir el 1 de septiembre de 2025.
Gracias por el tiempo dedicado a su lectura.
Si quieres conocer otros libros publicados por
Punto de Vista Editores, visítanos en
puntodevistaeditores.com
También puedes seguirnos a través de
las redes sociales.

ÓmnibusTeatro

13. *Del amor y otras catástrofes*
    Denise Despeyroux
    El más querido (una catástrofe navideña); El corazón es extraño; La realidad; Los dramáticos orígenes de las galaxias espirales; Carne viva; Ternura negra. Una comedia histórica de terror romántico; Un tercer lugar

14. *Tarjeta de visita*
    José Ramón Fernández
    Para quemar la memoria; Mariana; La tierra; Nina; El que fue mi hermano (Yakolev); Monólogo de la perra roja que habla con el muerto sonriente; Babilonia; La colmena científica (o el café de Negrín); Yo soy don Quijote de la Mancha; Mi piedra Rosetta; El minuto del payaso; J'attendrai; Un bar bajo la arena; Un ángel

15. *Días azules y sol de infancia*
    Itziar Pascual
    Miauless; Mascando ortigas; Aire de vainilla; La vida de los salmones; Ainhara (Poema dramático); Raíz; Pepito (Una historia de vida para niños y abuelos)

16. *Dramedias*
    Marta Buchaca
    Litus; Losers (Perdedores); Kramig; Playoff; Solo una vez; Rita; ¿Cuánto me queda?

17. *Teatro de la memoria*
    Helena Tornero
    Apaches; Búnker (Como la gris mayoría de los mortales); No hables con extraños; Fascinación; Mañana

18. *Trilogía del poder y otras obras de dudosa moralidad*
    Antonio Álamo
    Trilogía del poder (*Los borrachos; Los enfermos; Yo, Satán*); *Cantando bajo las balas; Grande como una tumba; El bebé salvaje*

19. *Teatro clásico español del siglo* xix. *Vol. 1. Comedias*
    José Luis González Subías (ed.), Juan de Grimaldi (*Todo lo vence amor, o La pata de cabra*), Manuel Bretón de los Herreros (*Marcela, o ¿A cuál de los tres?*), Manuel Eduardo de Gorostiza (*Contigo pan y cebolla*), Tomás Rodríguez Rubí (*La rueda de la fortuna*), Ventura de la Vega (*El hombre de mundo*)

20. *Reescrituras*
    Pedro Víllora
    Auto de los Reyes Magos; Barrio de las Letras; La viuda valenciana (Lope de Vega); *La dama duende* (Pedro Calderón de la Barca); *La vida es sueño* (Pedro Calderón de la Barca); *Tartufo* (J. B. P. Molière); *La noche veneciana* (Alfred de Musset); *Casa de muñecas* (Henrik Ibsen); *Un sabio* (Guy de Maupassant); *Insolación* (Emilia Pardo Bazán); *Aire frío* (H. P. Lovecraft)

21. *Obras raras*
Gabriel Calderón
Mi muñequita, la farsa; *La mitad de Dios*; *Historia de un jabalí o Algo de Ricardo*; *Mi pequeño mundo porno*; *Mi eterno fin del mundo*

22. *Teatro reunido. Vol. 1*
Josep Maria Miró
La mujer que perdía todos los aviones; *Gang Bang (abierto hasta la hora del ángelus)*; *El principio de Arquímedes*; *Nerium Park*; *Humo*; *Rasgar la tierra*; *Umbrío*

23. *Teatro reunido. Vol. 2*
Josep Maria Miró
La travesía; *Cúbito*; *Olvidémonos de ser turistas*; *Tiempo salvaje*; *El cuerpo más bonito que se habrá encontrado nunca en este lugar*; *La habitación blanca*; *Restos del fulgor nocturno*; *El Monstruo*

24. *Teatro clásico del siglo* xix. *Vol. 2. Piezas breves*
José Luis González Subías (ed.), Manuel Bretón de los Herreros y Ventura de la Vega (*El plan de un drama, o la conspiración*), Manuel Bretón de los Herreros (*Pascual y Carranza*), Antonio Gil y Zárate (*El fanático por las comedias*), Carlos García Doncel y Luis Valladares y Garriga (*Quiero ser cómica*), Joaquina Vera (*Dos amos para un criado*), Mariano Pina y Bohigas (*No más secreto*), Manuel Fernández y González (*Con poeta y sin contrata*), Antonio María Segovia (*¿Cuál de los tres es el tío?*), José Méndez de Álvaro (*Juan Garduño el artillero*), Rafael Máiquez (*¡Mal de ojo!*), Miguel Pastorfido (*El rey por fuerza*), Juan de la Puerta Vizcaíno (*El maestro de esgrima*)

25. *Teatro reunido. Vol. 1*
Borja Ortiz de Gondra
¿Dos?; *Metropolitano*; *Dedos (vodevil negro)*; *Mane, thecel, phares*; *Perro del mejor amo*; *Hacia el olvido*; *Del otro lado (danzón)*; *Herida en la voz*

26. *Teatro reunido. Vol. 2*
Borja Ortiz de Gondra
El barbero de Picasso; *Miguel de Molina, la copla quebrada*; *Prodigios*; *Duda razonable*; *Memento mori (cámara oscura)*; *Calpurnia (sueño, premonición y muerte)*; *Identidad*; *Tres días de diciembre*

27. *Las voces del dragón. Seis obras rapsódicas*
Roland Schimmelpfennig
Traducción de Albert Tola
El dragón de oro; *Peggy Pickit ve el rostro de Dios*; *El gran fuego*; *100 canciones*; *La media luna*; *Layo*